KB203655

클래식을 만난
붓다

클래식을 만난 붓다

서양 고전음악의 선율에서 찾은 불교

김준희 지음

올리브
그린

부처님오신날과 어울리는
클래식 곡이 있을까요?

몇 년 전, 아주 우연한 기회에 부처님오신날 특집 불교방송 라디오에 출연하게 되었습니다. 부처님오신날에 어울리는 클래식 음악 몇 곡을 방송 중에 소개하는 프로그램이었습니다. 문득 대학원 시절 한 학기 동안 드뷔시 작품을 연구하면서 했던 생각들이 떠올랐습니다. 온음음계를 만들어 모든 음에 동등한 지위를 부여했던 드뷔시의 작품들이 선율적으로도 동양적인 느낌을 주기도 하지만, 어딘가 모르게 불교와 관련이 있을 것 같다고 느꼈던 경험이 있습니다. 선곡을 하기 전에 부처님의 탄생뿐 아니라 일생 전체를 클래식 음악으로도 설명 할 수 있다는 생각도 들었습니다.

경이로운 부처님의 탄생을 표현하기 위해서는 아름답기만 한 봄노래 보다는 모든 것을 성취한 붓다를 상징 할 수 있는, 봄의 다양한 모습들을 담은 곡을 택하고 싶었습니다. 슈만의 첫 번째 교향곡을 생각했습니다. 슈만은 은유와 상징이 가득한 문학적인 음악 언어로 자신의 예술 세계를 표현했기 때문에 부처님오신날 가장 먼저 생각난 작곡가였습니다. 뉴욕 필하모닉 오케스트라가 처음 내한 공연을 했을 때, 가장 존경하는 지휘자 번스타인의 지휘로 슈만의 교향곡이 맨 먼저 연주되었다는 점도 마음에 들었습니다.

그 어느 종교에도 찾을 수 없는 '사문유관四門遊觀'을 설명하기 위해서 세상에서 가장 진지하고 성실한 작곡가 브람스의 작품을 택하기로 했습니다. 예원학교 시절, 호른 연주를 처음 듣고 '멀리서 아빠가 다정하게 나를 부르는 것 같다'고 느꼈습니다. 항상 조연으로 점잖게 자리를 지키는 악기 속에 숨겨진 부정父情과도 같은 음색을 무대 가장 밝은 곳으로 끌어낸 호른 트리오를 소개하면서 부모님의 은공에 작게나마 보답한다는 생각도 들었습니다. 부처님의 탄생을 위한 작품들을 고르는 작업은 부처님의 일생 전체를 클래식 음악으로 설명하는 〈법보신문〉 연재로 이어지게 되었습니다.

클래식 음악, 서양 음악에는 그들의 세계관과 사상이 담겨있습니다. 클래식 음악의 원류와 그 역사를 살펴보면 당연히 이웃 종교와 밀접한 관련이 있을 것이라는 생각을 하게 됩니다. 그래서 클래식 음악과 붓다의 생애를 함께 이야기 한다는 것이 매우 낯설게 느껴질 수도 있습니다. 우리나라 음악과 불교는 생각보다 그 연결고리가 강하지 않지만, 우리는 불교와 동양의 음악, 특히 한국 음악이 서로 잘 어울린다고 생각하는 편입니다. 오랜 시간 불교와 그 역사를 함께 해오면서 그 동안 우리의 음악이 불교에 자연스럽게 스며들어 왔기 때문입니다. 바꾸어 말하면 서양 음악으로도 충분히 붓다의 생애와 가르침을 이야기할 수 있다는 의미도 됩니다.

프랑스의 사실주의 작가 발자크는 "음악에는 한계가 없다. 음악이라는 언어는 음에 의해서 우리들의 마음에 어떤 상념, 혹은 우리들의 지성에 어떤 심상을 일깨워 준다."고 말했습니다. 음악으로 표현하고 음악으로 설명할 수 있는 것들이 무한하다는 뜻입니다. 종교는 현실적으로 혹은 합리적으로 해결할 수 없는 문제나 긴장을 해소하는 기능이 있고, 궁극적으로는 인간의 소망을 넘어서 삶과 죽음에 대한 이야기를 하고 있습니다. 특정한 형태가 없는 음音으로 구성된 음악은 논리를 넘어서 직접적인 감동을 줍니다. 음악과 종교의 공통점이라고 할 수 있습니다.

붓다와 그의 가르침은 모든 예술로 해석되고 표현될 수 있습니다. 붓다의 가르침은 특수하면서도 보편적인 진리입니다. 예술 또한 특수하면서도 보편적인 아름다움을 나타냅니다. 모든 예술 중 가장 직접적인 감동의 울림을 주며, 인류의 보편적 감성을 공유할 수 있는 클래식 음악을 통하여 붓다의 생애와 가르침을 해석했습니다. 클래식 음악 작품과 작곡가들의 에피소드와 함께 붓다의 삶의 큰 부분들을 함께 풀어보며 그 접점을 찾았습니다.

독자 여러분들께서 인류에게 남겨진 보석과도 같은 두 진리의 세계를 함께 만나는 즐거움을 누리시기를 바랍니다. 《클래식을 만난 붓다》를 통해 더 많은 불자들이 클래식 음악에 더 큰 관심을 갖는 계기가 되었으면 하는 바람입니다. 또한 클래식 애호가들도 어렵고 낯선 불교가 아닌 친근한 느낌의 붓다를 만나게 되었으면 좋겠습니다. 연재의 기회를 주신 법보신문 관계자분들과 이 책이 나오기까지 힘써주신 분들께 감사드립니다.

사랑하는 나의 가족에게 이 책을 바칩니다.

2021년 1월
피아니스트 김준희

클래식을 만난 붓다

01
슈만의 교향곡 〈봄〉

탄생

로베르트 슈만
Robert Schumann

교향곡 1번 Eb장조 〈봄〉 Op. 38
Symphony No.1 in Eb Major 〈Spring〉, Op. 38

교향곡symphony은 그리스어로 '함께syn'와 '울리다phone'가 합쳐진 것에 그 기원을 두고 있다. 원래 '동시에 울리는 음', 또는 '완전한 협화음'을 뜻한다. 거의 모든 악기들이 총망라 되어있는 오케스트라가 함께 울리며 뿜어내는 음향은 마치 거대한 우주의 움직임과도 같다. 교향곡을 작곡한다는 것은 작곡가에게는 완전한 하나의 생명체를 완성하는 것과 같은 의미를 가진다.

로베르트 슈만Robert Schumann, 1810-1856은 드라마틱한 인생처럼 작품을 만들어내는 시기가 독특하여 시기별로 특정 장르에 집중된 경향을 보였다. 학생 시절부터 1833년까지는 기교에 집중된 피아노 작품을 주로 작곡했다. 손가락 근육 강화를 위해 도구를 개발하던 시기였기 때문이다. 1839년까지는 소나타와 환상곡Fantasie Op. 17 과 같은 규모가 큰 곡만 작곡했으며, 1840년에는 성격적 작품characteristic piece들을 썼다. 또 그해에는 아내 클라라Clara Josephine Wieck Schumann, 1819-1896에 대한 사랑의 감정을 모두 쏟아 수십 개의 가곡을 작곡했다. 모두 평소 존경하던 슈베르트Franz Peter Schubert, 1797-1828의 작품 못지 않게 훌륭한 곡이었고, 슈베르트가 평생을 훌륭한 교향곡의 작곡에 심혈을 기울였던 것처럼 슈만 역시 교향곡에 대한 갈망을 계속하게 되었다. 실제로 슈만은 1838년 슈베르트의 교향곡 9번 유작을 발견하고 첫 교향곡에 대한 아이디어를 떠올리게 된다.

슈만 교향곡 〈봄〉의 자필악보.

클래식을 만난 붓다

교향곡 1번 E♭장조 〈봄〉 Op. 38은 슈만이 결혼한 이듬해 1841년 작곡되었다. 이 곡은 교향곡으로 보면 슈만의 음악적 성숙함을 나타내는 곡은 아니다. 그러나 인생의 완전한 협화음을 의미하는 안정적인 결혼 생활이 낳은 첫 번째 대작으로 하나의 특별한 '탄생'이라는 의미를 담고 있다. 슈만은 이전에는 출판과 레슨 또는 평론지 발간 등의 활동을 바탕으로 틈틈이 작곡 활동을 이어간 불안정한 비정규직이었다. 그러나 결혼 후 안정된 생활을 기반으로 교향곡, 협주곡, 실내악곡 등 규모가 큰 작품들을 작곡하기 시작하였고, 라이프치히 음악원현재 라이프치히 국립연극음악대학에서 교편을 잡고 오케스트라의 상임지휘자로 취임하는 등 음악가로서의 입지를 다질 수 있었다.

붓다는 기원전 6세기경 히말라야산 중턱에 위치한 카필라왓투현재 네팔 타라이 지역라는 작은 국가에서 태어났다. 마야 왕비는 꿈에 여섯 개의 상아를 지닌 흰 코끼리가 몸속으로 들어오고 난 후, 태자를 잉태하였고, 출산의 시기가 다가오자 당시의 풍습대로 친정이 있는 데와다하현재 내팔 루팡데히 지구에 있는 브트왈로 떠났다. 도중 룸비니 동산에 이르렀을 때 통증이 시작되었고 곧 큰 고통 없이 남자 아이를 낳았다. 그가 바로 싯닷타였다. 만물이 소생하는 봄. 그 봄의 한 가운데 고타마 싯닷타, 석가모니 붓다가 탄생하게 된 것이다.

　　슈만의 교향곡 1번의 첫 악장은 트럼펫과 호른이 문을 두드리는 것 같이 봄을 알린다. 곧 플루트와 오보에 등이 서정적인 선율을 이어간다. 슈만은 이 교향곡에 스스로 '봄의 교향곡'이라고 이름 붙였다. 전 악장에 가득한 행복감 넘치는 선율들은 그가 이 교향곡을 작곡하면서 얼마나 기쁨에 차있었는지를 말해준다. 아마도 그의 생애에 가장 아름다운 날이었을 것이다. 슈만이 악보에 '잠을 일깨우는 소리'라고 직접 적어 놓았을 정도로 곡의 맨 첫머리는 확신에 찬 리듬으로 봄의 기쁨을 알려준다. 흔하지 않는 금관악기의 활기찬 서두는 고타마 싯닷타의 탄생의 서막을 알리는 신호를 뜻하는 것 같다.

　　바이올린과 첼로 그리고 오보에와 호른이 서로 넘나들며 온화한 느낌이 연출되는 느린 2악장은 평화로움 속에서도 곳곳에 숨어있는 약동하는 봄의 에너지가 느껴진다. 마치 따뜻한 봄날의 평온함과 아름다운 룸비니 동산에서의 마야 부인의 모습을 떠올리게 한다. 마야 부인은 태자를 잉태했을 때, 다른 여느 산모들과는 달리 심한 입덧과 같은 증상도 없었고, 큰 통증 없이 붓다를 낳았다. 하나의 우주와 같은 거대한 교향

붓다는 기원전 6세기경 만물이 소행하는 봄, 룸비니 동산에서
태어났다. 사진은 미국 Freer Gallery of Arts에 소장되어 있는
'붓다 탄생'의 장면을 담은 부조상.

탄생

곡의 작곡이 결코 쉬운 일은 아닐 텐데, 놀랍게도 슈만은 첫 번째 교향곡의 스케치를 한 달여 만에 끝내고, 두 달이 되지 않는 짧은 시간에 곡을 완성시켰다. 봄에 피어나는 생명에 대한 환희와 교향곡에 대한 슈만의 열정을 붓다의 탄생에 비유할 수 있을까?

부인 클라라는 그녀의 일기에서 다음과 같이 서술하고 있다. "슈만은 이 교향곡을 구상하던 중, 시인 아돌프 뵈트거Adolf Böttger, 1815-1870의 시의 한 구절인 '바꾸어라, 당신의 모든 것을. 봄이 가까이 왔다'〈봄의 시(Frühlingsgedicht)〉 중에서에 큰 영감을 받은 것 같다." 또한 슈만은 이 곡을 출판하기 직전까지 각 악장에 '봄의 시작', '봄날의 밤', '즐거운 놀이', '봄의 만개' 등의 제목을 넣으려고 고심했던 만큼 이 교향곡에 큰 의미를 부여했었다.

유난히 당김음이 많이 사용된 빠른 스케르초 악장은 문득 아들의 탄생 후, 미래를 보고자 아시타Asita 선인을 찾은 숫도다나Suddhodana 왕의 일화를 떠오르게 한다. "태자께서 왕위에 오르면 무력을 사용하지 않는 전륜성왕이 될 것이며, 출가하신다면 최고의 깨달음을 얻는 인류의 스승, 붓다가 되실 것입니다."라는 아시타 선인의 예언처럼, 교차되는 바이올린을 필두로 한 날렵한 선율들과 바순과 클라리넷의 응답은 숫도다나 왕의 기쁨을 표현한 것 같다.

　슈만은 1악장의 팡파르 선율을 다시 한 번 마지막 악장에 재현시키면서 전체적으로 봄의 당찬 기운으로 각 악장에 봄의 기쁜 기운을 담고자 했다. 싯닷타는 우리가 알고 있듯이 '모든 것을 성취한 자'라는 뜻이다. 이 마지막 악장에서 모든 악기가 총 출동하여 나타낸 봄의 환희를, 모든 것을 성취할 붓다의 탄생을 축하하는 만개한 봄의 정경으로 환치시켜 생각하고 싶다.

　수많은 예술가곡은 물론이고 비발디의 사계 중 〈봄〉, 베토벤의 바이올린 소나타 5번 〈봄〉, 멘델스존의 무언가 중 〈봄노래〉, 요한 슈트라우스 2세의 〈봄의 소리 왈츠〉 등 제목에서부터 봄의 향기를 느낄 수 있는 곡들을 어렵지 않게 찾을 수 있다. 그러나 봄날의 따사로운 햇볕이나 가벼운 노래, 즐거운 나날들과 같은 단편적인 봄의 아름다움의 분위기에 국한되지 않고 하나의 완벽한 '봄'을 느낄 수 있는 곡은 단연 슈만의 교향곡 〈봄〉이다.

　거대한 오케스트라의 음향으로, 슈만의 교향곡 〈봄〉을 붓다의 탄생의 경이로움을 나타낸 완성된 풍경으로 느끼며 감상해보길 권한다. 끝으로 슈만이 작곡가 친구인 빌헬름 타우베르트Wilhelm Taubert, 1811-1891에게 보낸 편지를 인용해 본다.

"오케스트라가 연주될 때, 그 안으로 들어오는 작은 봄을 맛볼 수 있을까. 내가 이 곡을 처음 쓸 때의 마음이 바로 그것이네. 깨어나라고 부르는, 마치 하늘에서 전하는 소리 같은 이 트럼펫 소리를 나는 사랑하네. 더 나아가 초록빛으로 점차 변해가는, 나비도 날갯짓하는 세상을 나타내는 이 음악을 나는 사랑하네. 그리고 마지막 Allegro 악장, 봄의 회생에 만물의 행동이 달라지는 모든 것들⋯⋯그것을 나는 이 작품을 마친 후에 깨닫게 된다네."

02
브람스 호른 트리오

사문유관

四門遊觀

요하네스 브람스
Johannes Brahms

호른 트리오 Eb장조 Op. 40
Horn Trio in Eb Major, Op. 40

무라카미 하루키村上春樹, 1949-현재는 자신이 수필집 《이렇게 작지만 확실한 행복》에서 소확행小確幸, 즉 일상에서 작지만 확실하게 실현 가능한 행복을 이야기 하고 있다.

"……막 구운 따끈한 빵을 손으로 뜯어먹는 것, 오후의 햇빛이 나뭇잎 그림자를 그리는 걸 바라보며 브람스의 실내악을 듣는 것……."

음악에 조예가 깊은 하루키가 이야기한 요하네스 브람스Johannes Brahms, 1833-1897의 실내악 중 어떤 곡이 확실한 행복을 줄 수 있는 작품인지 궁금해진다. 아마도 브람스 음악 전반에서 느낄 수 있는 진중함과 침착함이 이런 소중한 느낌으로 표현된 것 같다.

숫도다나 왕은 청년기에 접어든 싯닷타에 대해 걱정이
생기기 시작했다. 아시타 선인의 예언 중 출가를 할 수도 있다
는 두 번째 예언이 마음에 걸렸기 때문이다. 그래서 그는 최대
한 아들에게 좋고 귀한 것만을 보고 듣게 하고 싶었다. 좋은
궁전을 지어주었고, 시중을 드는 남녀 하인들은 물론이고 온
갖 부귀영화를 누리도록 했다. 그러나 언제나 예감은 원하지

클래식을 만난 붓다

남부러울 것 없이 어엿하게 성장한 싯닷타 태자가 동문에서는 노인, 남
문에서는 병자, 서문에서는 시체를 보게 된 후 생명을 가진 어떤 것도
이 고통에서 벗어날 수 없다는 것을 알고 번민에 빠진다. 그러던 중 북
문에서 수행자를 만나게 되는데, 그에게서 번뇌를 벗어날 수 있는 희망
을 보게 되고, 출가의 뜻을 굳히게 된다. 이를 사문유관이라 한다. 사진
은 파키스탄 Peshawar Museum에 소장된 사문유관 중 싯닷타 태자
가 남문에서 병자를 만나는 장면을 담고 있는 부조상.   ©유근자

않는 방향으로 다가오는 법이다. 결혼 후 싯닷타 태자는 부왕의 허락을 받고 카필라 성 밖으로 나가 백성들의 삶을 구경할 수 있게 되었다. 성 밖에서 본 세상의 모습은 그에게는 새로운 충격이었으며 이 나들이는 결국 출가의 직접적인 동기가 되었다. 이를 훗날의 사가들은 '사문유관四門遊觀. 싯닷타 태자가 카필라 성 밖에서 생로병사 즉 인생의 네 가지 고통을 직접 보고 출가를 결심한 일'이라고 이름 붙였다.

브람스는 강건하고 소박한 북부 독일 지역 출신답게 겉으로 드러나는 지나친 화려함을 경계하고 음악의 기본에 충실한 깊이 있는 음악을 만들어내고자 했다. 내면적 성찰이 강한 브람스의 성향에 잘 맞는 장르는 실내악이었다. '카메라방. 또는 Chamber 안에서 연주되는 음악'이라는, Musica da Camera라는 말에서 그 어원을 찾을 수 있는 실내악Chamber Music은 적은 인원으로 연주되는 형태로 앙상블이라고도 부른다.

브람스가 남긴 17개의 실내악 작품 중에서 가장 특이한 구성으로 되어있는 호른 트리오를 살펴보면 그가 얼마나 호른을 사랑했는지 잘 알 수 있다. 호른은 금관악기 중에서 가장 먼저 오케스트라에 도입된 악기이다. 오케스트라에서는 무척 중요한 역할을 차지하는 이 악기는 마우스피스부터 벨까지의 길이가 무척이나 길기 때문에 음색과 그 울림은 깊지만 깨끗하고 정확하고 명료한 소리를 내는 것은 상당히 어렵다. 그러기에 독주로 연주되는 경우는 드물다. 이런 낯선 악기를 주인공으로 내세워 거의 독주곡에 가까운 역할을 맡겼다는 것에서 브람스가 독특하면서도 신중하고도 사려 깊은 사람이라는 것을 유추해 볼 수 있다.

브람스의 호른 트리오 E♭장조 Op. 40을 들으면 사문유관의 여정이 느껴진다. 이 곡은 첫 악장은 소나타 형식으로 작곡되지 않은, 상당히 독특한 악장이다. 마지막 악장에 주로 쓰이는 론도 형식주제와 에피소드가 반복하며 교차되는 형식이 첫 악장에 배치되었다. 목가적으로 온화하게 시작되는 바이올린과 피아노 코드 위에 아주 먼 곳에서 들려오는 듯한 호른의 주제가 등장한다. 이 첫 악장의 편안한 호른의 선율과 E♭조의 분위기는 다소 지루하지만 부족함 없는 평온한 싯닷타의 궁궐 생활을 연상케 한다. 하지만 호른의 분위기와 톤을 같이 하는 애잔하기까지 한 바이올린 선율과 그 둘을 지지하는 피아노의 견고한 패시지passage는 종종 숨어있는 열정을 연출한다. 이는 곧 있을 29세의 싯닷타의 내면에 있는 소용돌이에 빗대어 볼 수 있을 것 같다.

두 번째 악장은 전체적으로 선율이 재빠르게 흘러가는 3/4박자의 스케르초scherzo 악장이다. 적절한 템포와 활기찬 스타카토staccato 선율이 결코 가볍지 않게 중간 중간 강조되는 음들을 가지고 있는 이 악장은 성문 밖에서 마주친 사건들을 떠올리게 한다. 홀로 나선 첫 나들이에 대한 기대감과 앞으로 마주하게 될 세상의 민낯이 주는 놀라운 장면을 표현한 것 같다. 설렘·충격·절망 등 지금까지 느낄 수 없었던 감정들과 세상이 감추고 있던 늙음·병듦·죽음을 대하기 전, 태자는 그야말로 걱정할 것이 하나도 없었을 것이다. 하지만 장막 뒤의 현실을 직면하고 놀라움과 절망에 휩싸이게 된다. 노병사老病死에서 벗어날 수 없다는 자각은 지금까지 누려왔던 모든 풍요로움을 한순간에 빼앗아 버렸다. 북문 나들이에서 수행자와의 만남은 태자에게 절망 속에 마주한 한 줄기 빛과 같았다.

가장 브람스적인 악장인 세 번째 느린 악장은 흔히 말하는 비가elegy 악장으로, 고전주의적인 형식미 위에 낭만적인 성향을 견고하게 드러낸 브람스가 즐겨 사용하는 대위법적인 작곡법이 돋보인다. 곡의 전반을 지지하는 피아노 선율 위에 바이올린과 호른의 선율이 Eb단조라는 무거운 조성으로 펼쳐진다. 특히나 느린 걸음걸이로 다가오는 선율은 싯닷타가 느꼈을, 인간이라면 누구나 늙고 병들고 죽어야만 한다는 피할 수 없는 근심의 세계를 떠올리게 한다. 피아노 리듬이 변형되어 빠른 걸음걸이로 표현되는 부분은 북문의 출가사문을 마주한 싯닷타의 심리 상태에 견줄 수 있지 않을까. 리듬 화성의 변화는 초췌하지만 맑고 강인한 눈빛과 평온한 얼굴의 수행자의 모습에서 작은 희망을 발견하고 출가로의 결심을 재촉하는 것으로 비유해서 생각해 볼 수 있다.

슬픔을 이겨낸 기쁨으로 비유하는 학자도 있을 만큼 마지막 악장은 여느 피날레와 같이 빠른 템포의 악장으로, 앞의 세 악장에서 보여준 주제의 조각들을 모두 담고 있다. Eb 장조에서 경쾌한 16분음표의 시작으로 곡을 풀어가고 있으며 다른 악장보다 바이올린의 화려한 선율이 돋보인다. 침착하거나 안정된 분위기 보다는 당당하게 휘몰아치는 듯한 성격의 4악장은 출가의 결심과 실행에 옮기는 청년 싯닷타의 강건한 모습을 상상해 볼 수 있다. 특히 곡의 클라이맥스에서 여덟 마디 동안 계속되는 Eb의 반복음은 굳은 의지의 표본으로 느껴지기도 한다. 30여 분에 달하는 이 대곡에서 호른 연주자는 끝으로 갈수록 자신의 모든 기교와 음악성을 발휘하게 된다. 마치 또 다른 세상, 출가의 길을 가기 직전의 청년 싯닷타의 강한 모습과도 같다.

　　브람스는 오케스트라에서 중요한 역할을 하면서도 한 번도 주인공이 되지 못했던 호른이라는 악기에 독주에 가까운 역할을 맡겨 무대의 앞쪽으로 끌어냈다. 동시에 언제나 앙상블에서 주인공 역할을 도맡아 했던 바이올린에 호른의 따뜻한 음색을 잘 받쳐주며 더욱 돋보이게 하는 조력자 역할을 부여했다. 햇볕이 내리쬐는 오후에 브람스의 유일한 호른 트리오를 들으며 붓다가 출가를 결심하게 된 사문유관을 되짚어 보자. 스산한 저녁녘이어도 좋고, 눈이 소복하게 쌓인 어느 겨울 아침이어도 좋다. '작지만 확실한 행복' 또는 '작지만 선명한 깨달음'이 찾아올 지도 모른다.

03

쇼스타코비치 피아노 협주곡

라훌라

드미트리 쇼스타코비치
Dmitrii Shostakovich

피아노 협주곡 2번 F장조 Op. 102
Piano Concerto No.2 in F Major, Op. 102

사문유관 이후 12년이 흘렀을 때, 29세의 고타마 태자는 야소
다라와 사이에서 첫 아들 라훌라를 얻게 된다. 출가에 대한 식
지 않는 열정 때문이었을까, 결혼 후 10년이 지나서야 보게 된
첫 자식이었다. 경전에서는 "속박을 낳았구나. 그러나 이 새
로운 속박이 다른 사람에게는 위안이 될 것이다."라는 말로 갓
태어난 아기에 대해 이야기하고 있다. '라훌라'라는 이름은 우
리가 알고 있듯이 '장애'를 뜻한다. 하지만 '장애'라는 것이 단
순히 해가 되거나 앞을 가로막는 걸리적거리는 것을 의미하
는 것만은 아니었을 것이다.

　　당시의 귀족들은 '아슈라마āśrama'라고 하는 규칙에 따
라 노년기에 출가를 하는 것이 일반적이었다. 붓다는 훨씬 이
른 29세에 출가를 하게 되었으니 당시의 브라만교 사회의 규
범을 어긴 것이라 볼 수도 있다. 하지만 보수적인 사회에서 대

를 잇는 아들을 남기며 왕족으로서의 최소한의 의무를 다한 것이 한편으로는 출가를 강행하게 한 원동력이 된 것이라고 생각할 수 있다.

러시아의 작곡가 드미트리 쇼스타코비치Dmitrii Shostako- vich, 1906-1975의 재즈모음곡 2번 중 첫 번째 곡인 왈츠를 들으면 말로 표현하기 힘든 어떤 감정이 밀려오는 것을 느낄 수 있다. 영화 〈번지점프를 하다2001〉와 〈아이즈 와이드 셧Eyes Wide Shut, 1999〉의 OST에도 사용되어 많은 사람들에게 익숙한 이 곡은 약간 우수에 찬, 그러나 너무 슬프지 않은 분위기를 갖고 있다. 두 마디의 왈츠 리듬 후에 곧바로 이 곡 전체를 아우르는 색소폰의 고독에 찬 선율이 등장하고, 곧이어 플루트, 오보에, 피콜로 등이 응답한다. 현악기를 포함한 오케스트라 전체가 이 선율을 반복하고, 담담한 C단조의 주제가 끝나면 Eb장조의 또 다른 주제가 등장한다. 관계조로의 조성의 변화와 조금은 밝은 분위기로의 전환 이외에는 크게 대조적인 분위기

작곡가   드미트리 쇼스타코비치 *Dmitrii Shostakovich*
작품명   재즈 모음곡 2번 중 〈왈츠〉
　　　　 〈Waltz〉 from Jazz Suite No.2

클래식을 만난 붓다

는 느껴지지 않는다. C단조의 첫 주제가 반복될 때에는 트롬본이 주선율을 담당한다. 색소폰과 잘 어우러지는 음색을 가진 트롬본의 선율에 이번엔 금관악기가 화답하며, 다시 한 번 주제를 반복하며 이 곡은 마무리된다.

　　보통 어떤 곡의 주제는 강한 암시나 또렷한 주장을 나타내는 경우가 많다. 이 짧은 왈츠는 두 개의 주제가 등장하지만 두 주제 모두 강렬한 이미지를 남기지는 않는다. 하지만 이 곡의 두 주제의 선율들은 듣는 이의 뇌리에 이상하리만치 확실하게 남으며, 정확하게 알 수는 없는, 그러나 어떤 낮은 목소리의 암시를 담고 있는 듯한 상상을 하게 한다. 어쩌면 일생의 '장애'라고는 하지만, '상당히 위험하거나 무서운 것'이 아니라, '단지 감당해 내야할 그 어떤 것'이라는 의미를 담고 있는 고타마의 아들 '라훌라'가 이 주제 선율과 같은 존재가 아닐까.

　　쇼스타코비치는 구 소련 체제에서 광폭狂暴의 시대를 살아간 음악가이다. 스탈린 체제에서, 그의 음악이 시대를 반영하거나 또는 시대의 요구를 따르거나 반대로 시대를 비판했다고 평가받는 것과는 무관하게, 그의 음악에 대한 따뜻한 감성을 느낄 수 있는 작품이 바로 피아노 협주곡 2번 F장조 Op. 102이다. 1957년 작곡된 이 두 번째 피아노 협주곡은 24

년 전 작곡된 첫 번째 피아노 협주곡과는 사뭇 다르다.

협주곡 1번에서 쇼스타코비치는 러시아 특유의 추진력 있는 분위기 위에 피아노의 까다로운 기교와 재기 발랄함 그리고 긴장감 넘치는 타악기적인 면모와 서정성을 모두 나타내고 싶었던 것 같다. 피아노와 트럼펫을 위한 협주곡이라고 해도 될 만큼 마지막 악장까지 필요 이상으로 밀도 있는 긴장감을 유지하는 트럼펫 파트에도 그의 욕심이 가득 담겨있다. 신고전주의적 요소와 러시아 특유의 행진곡 리듬 등 쇼스타코비치의 작품 전반에 깔린 음향은 피아노 협주곡 2번에서도 역시 찾아볼 수 있지만, 두 번째 협주곡에는 곡 전체를 관통하는 '명료함'이 존재한다.

18분 남짓한 이 곡의 첫 악장과 마지막 악장은 몇 마디를 제외하고는 모든 선율이 유니즌unison으로 이루어져있다. 음악에서 유니즌 또는 옥타브가 뜻하는 것은 단순함과 강조, 단 두 가지이다. 또한 음향으로 실현되었을 때 듣는 이가 느끼

작곡가   드미트리 쇼스타코비치 *Dmitrii Shostakovich*
작품명   피아노 협주곡 1번 C단조 Op. 35
         Piano Concerto No.1 in C Minor Op. 35

클래식을 만난 붓다

는 것은 간결함과 투명함 그리고 정확함이다. 쇼스타코비치는 아들 막심Maxim Shostakovich, 1938-현재의 생일에 맞추어 이 피아노 협주곡을 작곡하였다. 피아니스트였던 아들 막심은 그의 모스크바 콘서바토리 졸업연주무대에서 이 곡을 연주하였다.

어린 아들을 위해 작곡된 이 곡은 흥미진진하고 발랄함을 갖춘 1악장과 지극히 아름다운 서정적인 2악장 그리고 어느 정도 피아노 교습을 받은 학생이라면 누구든지 알아차릴만한 《하논 교재》의 선율을 담고 있는, 쉼 없이 달려가는 3악장으로 이루어져 있다. 사랑하는 아들이 졸업연주회에서 훌륭하게 연주하기를 바라는 아버지의 마음이 담겨있어, 이 곡은 기교적으로도 과도하게 어렵지 않으면서도 연주자의 화려한 역량을 드러내기에 적합하다.

아버지의 바람대로 아들 막심은 이 곡을 훌륭하게 소화해 냈고 지휘자로 성장하여 훗날 소련국립교향악단의 부지휘자가 되어 아버지

쇼스타코비치는 피아니스트였던 아들이 졸업연주회에서 훌륭하게 연주하기를 바라는 '아버지의 마음'을 담아 막심의 생일에 맞추어 피아노 협주곡 2번 F장조 Op. 102를 작곡했다. 사진은 쇼스타코비치와 두 자녀의 모습으로, 후대에 음악가로 자란 막심은 맨 왼쪽이다.

의 작품을 널리 알렸다. 1972년에는 묻혀있었던 교향곡 5번과 새로 발표된 교향곡 15번을 초연하여 세계적으로 화제가 되기도 했으며, 서독 망명 후 아버지의 곡을 서구 세계에 알리는 데 큰 공헌을 했다. 또한 졸업무대에서 연주하였던 피아노 협주곡 2번을, 지휘자로서 이무지치 드 몬트리올l Musici de Montreal 관현악단을 이끌고 아버지를 피아노 협연자로 레코딩 하기도 하였다.

일곱 살 어린 아들을 출가시킨 붓다는 자신이 가장 신뢰하는 제자 사리풋타에게 아들을 맡겼다. 불교사 최초의 동자승인 라훌라에게 붓다는 때로는 엄하게 때로는 자상하게 수행 길로 분명하고도 확실하게 안내해 준다. 그 역시 부성애를 지닌 아버지였던 것이다. 라훌라는 아버지의 바람에 부응하여 수행의 완성자, 아라한이 된다. 그리고 후세에는 붓다의 10대 제자 중 한 사람으로 이름을 남기게 된다.

동서고금을 막론하고 아버지의 자식에 관한 사랑은 절대적이다. 쇼스타코비치와 그의 아들 막심의 음악가로서의 인생과 아버지 붓다를 따라 같은 길을 걷게 된 라훌라의 이야기는 피할 수 없는, 그리고 숨길 수 없는 절대적이고도 명료한 사랑, 부성애를 다시 한 번 생각하게 한다.

04

바흐 샤콘느

출가

요한 세바스찬 바흐
Johann Sebastian Bach

 무반주 바이올린 파르티타 2번 중 BWV 1004 〈샤콘느〉
〈Chaconne〉 from Partita for Violin Partita No.2, BWV 1004

흔히 붓다의 출가를 '위대한 포기'라고 한다. 위대한 포기에는 '내려놓기 어려운 것을 포기했다'는 의미와 '더 큰 성취를 위해 포기했다'는 의미가 내포되어 있다. 잘 알려져 있듯 붓다는 29세의 나이에 첫 아들 라훌라Rāhula를 보게 되었고, 라훌라가 탄생한 바로 그날 출가를 결심하게 된다. 아내 야소다라Yasodharā에 대한 연민, 그리고 부왕 숫도다나Suddhodana와 온갖 사랑으로 자신을 키워준 이모이자 양모인 마하파자파티Mahāpajāpatī Gotamī에 대한 사랑을 뒤로 한 채, 출가의 위대한 발길을 내딛는다.

　　남겨진 야소다라와 숫도다나, 그리고 마하파자파티의 심정은 어떠했을까. 사실 이들은 처한 입장은 각각 다르지만, 태자 싯닷타를 한결같이 바라보고 있다는 공통점을 갖는다. 이들에게 태자는 세상의 모든 것이었고, 삶의 의미와도 같았다. 어느 날 모든 것을 던져버리고 출가의 삶을 선택한 싯닷타는 이들에게 한순간에 예상할 수 없는 '이별'을 안겨주었다. 그 '이별'이 가져다 준 슬픔과 고통은 이루 말할 수 없는 아픔이었을 것이다.

　　이탈리아의 작곡가 토마소 비탈리Tommaso Antonio Vitali, 1663-1745의 바이올린 독주곡 〈샤콘느Chaconne〉의 전반에는 슬픔의 정서가 담겨있다. 샤콘느는 원래 바로크 시대 스페인에 기원을 둔 3박자의 춤곡이 변주곡 형태로 발전된 것이다. 특히 바로크 시대의 기본이 되는 통주저음basso continuo을 기본으로 화려한 음형들이 펼쳐진다. 비탈리의 〈샤콘느〉는 특히 일정한 화음 안에서 점점 고조되는 선율들로 마음속을 긁는 듯한 어떤 슬픔, 또는 고통을 표현하는 것만 같다.

　　싯닷타의 출가 뒤에 '남겨진 자들의 슬픔'을 '지상에서 가장 슬픈 음악'이라는 애칭을 가진 이 〈샤콘느〉에 빗대어 보면 어떨까. 낭만주의 문학가 바켄로더Wilhelm Wackenroder, 1773-

作곡가　　**토마소 비탈리** *Tommaso Antonio Vitali*
작품명　　〈샤콘느〉
　　　　　〈Chaconne〉

1798는 "음악은 인간의 감정을 초인간적인 방법으로, 일상에서 쓰이는 일반적인 언어 이상의 언어로 표현되는 예술."이라고 했다. 시종일관 흐르고 있는 감성과 호소력은 마치 가슴을 에는 슬픔과 고통에 직면한 야소다라와 숫도다나, 그리고 마하파자파티를 비롯한 모든 남겨진 자들의 마음을 말로는 표현할 수 없는 음악의 언어로 대변해주는 것 같다.

토마소 비탈리는 바로크 시대의 작곡가로 알려졌지만 작품의 숫자가 적고 사료가 부족하다. 특히나 이 작품은 그의 다른 작품에 비해 18세기의 작품이라고는 믿어지지 않을 정도의 과감한 조성 변화와 격정적인 낭만주의적 정서를 담고 있어 많은 학자들이 진위 여부에 대한 의견을 제시한다. 하지만 이 화려하고 아름다운 작품은 바이올린 문헌에 중요한 자리를 차지하고 있는 보석과 같은 곡임에는 틀림없다. 종결되는 듯하다가 다시 새로운 선율로 시작하는 부분들은 차마 '아프다'는 말도 할 수 없었던 이들의 눈물, 온 힘을 다해 맨손으로 벽을 긁으며 고통을 감내하는 모습을 나타낸 것 같다.

남겨진 사람들의 시각에서 본 이별의 순간은, 전혀 다른 세상으로 긴 여정을 떠나는 싯닷타에게는 또 하나의 '탄생'으로 이해 할 수 있다. 붓다의 일생은 탄생·출가·깨달음·열반

흔히 붓다의 출가를 '위대한 포기'라고 한다. 위대한 포기에는 '내려놓기 어려운 것을 포기했다'는 의미와 '더 큰 성취를 위해 포기했다'는 의미가 내포되어 있다. 남겨진 야소다라와 숫도다나, 그리고 마하파자파티의 심정은 어떠했을까. 사실 이들이 처한 입장은 각각 다르지만, 태자 싯닷타를 한결같이 바라보고 있다는 공통점을 갖는다. 사진은 미국 Museum of Fine Arts, Boston에 소장된 싯닷타 태자의 출가 모습을 담고 있는 부조상.

클래식을 만난 붓다

의 네 가지의 큰 사건으로 나눌 수 있다. 그 중 출가는 일생 중 가장 큰 사건으로, 소위 말하는 '인생의 터닝 포인트'였다. 또한 깨달음의 순간은 진정한 의미의 새로운 탄생이다. 빅뱅과 같이 한순간에 폭발하는 것처럼 새로운 정신적인 자각이 일어나는 것을 의미한다. 또한 열반은 앞의 세 가지 탄생에 대한 완성적인 측면에서 완전한 탄생의 의미를 부여할 수 있을 것이다.

또 다른 세상을 향해 나간 한 걸음 한 걸음에는 형언할 수 없는 깊은 슬픔이 새겨져 있었을 것이다. 그 슬픔을 극복하는 과정이 바로 출가의 여정이다. 붓다는 출가의 길에 수반되는 아픔과 고통을 묵묵히 감내하면서, 모든 것을 포기함과 동시에, 버려진 넝마조각을 걸치고 마가다국의 라자가하로 발길을 옮긴다.

바로크 시대의 대표적인 작곡가 요한 세바스찬 바흐 Johann Sebastian Bach, 1685-1750의 무반주 바이올린을 위한 파르티타 2번, BWV 1004의 마지막 곡 역시 〈샤콘느〉이다. 바이올린 독주를 위한 파르티타와 소나타 중 가장 규모가 크고 완성도가 높은 악장으로 많은 경우에 단독으로 연주된다. '영원으로의 끝없는 비상'이라는 애칭으로 소개되는 이 곡은 비탈리의

바흐 〈샤콘느〉의 자필악보.

샤콘느와는 상당히 다른 느낌으로 다가온다. 영화 〈바이올린 플레이어 Le Joueur De Violon, 1995〉의 마지막 장면에 삽입되어 많은 이들에게 사랑과 공감을 받기도 하였다.

　　세상이라는 넓은 무대로 출가를 감행하는 싯닷타와 좁은 무대를 뛰쳐나와 가난과 병으로 지친 고독하고 지친 영혼들을 위로하는 바이올린 플레이어의 모습을 함께 떠올리며 샤콘느를 감상해보자. 비탈리의 샤콘느는 슬픔의 정서를 있는 그대로의 모습으로 직접적이고 애절하게 풀어낸다면, 바흐의 샤콘느는 조금 더 대범하고 비장한 각오 속에 절제된 모습으로 승화시킨다. 이탈리아의 낭만주의 시대 작곡가 페루

클래식을 만난 붓다

치오 부조니Ferruccio Dante Michelangiolo Benvenuto Busoni, 1866-1924는 이 강렬하고 비극적인 샤콘느를 피아노를 위한 작품으로 편곡하여 그 웅장함을 재창조했다.

바흐의 〈샤콘느〉를 부조니의 편곡으로 들으면 출가의 순간을 맞이한 싯닷타의 단호함이 더욱더 뚜렷하니 전해진다. 피아노의 넓은 음역으로 풍부한 울림과 꽉 찬 화성으로 장엄함을 보여주는 이 편곡은 먼 곳에서 들려오는 오르간의 음색부터 바이올린의 섬세한 현의 떨림까지 오케스트라의 넓고 장대한 색채를 표현하고 있다. 또한 바이올린 작품과 마찬가지로 화려한 기교를 담은 패시지, 반복음의 잦은 사용, 스타카토와 레가토를 동시에 연주하는 주법 등 다양한 테크닉을 담고 있다.

음악은 감정의 예술이다. 작곡가는 작품을 통해 감정을 드러내고, 연주가는 연주를 통해 감정을 표현하고, 청중은 본인의 감정을 통해 그 작품을 감상하며 작곡가와 연주가가

작곡가 　바흐 - 부조니 Bach - Busoni
작품명 　〈샤콘느〉
　　　　〈Chaconne〉

의도하는 감정을 받아들인다. 싯닷타의 출가를 두 가지 측면, '이별의 아픔'과 새로운 탄생 위한 '고통의 감내'의 관점으로 바라보며 〈샤콘느〉를 감상해 보자.

클래식을 만난 붓다

05
하이든 교향곡 〈아침〉

후원자

프란츠 요제프 하이든
Franz Joseph Haydn

교향곡 6번 D장조 〈아침〉
Symphony No.6 in D Major 〈Le Matin〉

요제프 하이든Franz Joseph Haydn, 1732-1809은 '교향곡의 아버지'라고 불린다. 평생을 100여 곡의 교향곡과 60여 곡의 현악 4중주를 작곡하며 그가 음악사에서 큰 족적을 남길 수 있었던 것에는 후견인의 영향이 컸다. 1761년, 하이든은 헝가리의 귀족 파울 안톤 에스테르하지의 카펠마이스터가 되었다. 오케스트라의 지휘와 음악감독 그리고 위촉 작곡가의 역할을 하게 된 것이다. 1년 후 파울의 동생인 니콜라우스 에스테르하지 공이 궁정 악단을 맡으며 본격적으로 하이든의 전성시대가 열리게 된다. 하이든은 일정한 봉급을 받으며 안정된 신분으로 에스테르하지 가문에서 30년이나 일했다.

하이든이 봉직하던 에스테르하지 가문은 대규모의 오케스트라가 중심이 되는 공개 음악회와 애호가들이나 선택된 소수의 친구들만 초대된 비공개 음악회를 열었다. 하이든

클래식을 만난 붓다

하이든이 30년간 작품 활동을 했던 에스테르하지家의 별장.

은 비공개 음악회를 위해 실내악 작품들도 작곡하기 시작했다. 작은 살롱에서 소규모 관객을 상대로 한 음악회에 가장 적합한 규모의 장르인 트리오나 현악 4중주 작품이 탄생하게 된 배경이다. 에스테르하지 공은 유망한 젊은 연주자들을 발굴하는 안목과 재력을 동시에 지녔으므로 하이든이 훌륭한 작품을 쓰고 발표하는데 든든한 지원자가 되었다.

하이든은 다섯 악장의 짧은 춤곡이나 작은 규모의 악장들로 구성된 디베르티멘토의 형태로 존재해 왔

빔비사라왕은 죽림정사를 기증하여 붓다와 제자들이 수행에 전념할 수 있는 환경을 조성해 주었다. 사진은 죽림정사 전경이다.

클래식을 만난 붓다

던 현악 4중주를 짜임새 있는 네 악장의 구성으로 압축시켰다. 실제적으로 교향곡과 같은 구성이었으며, 느린 두 번째 악장에서 론도, 변주곡 등 다양한 형식을 시도하였다. 하이든의 현악 4중주 D장조 Op. 50, No.6은 '개구리'라는 애칭을 가지고 있는 작품이다. 1악장부터 마지막 악장에 이르기까지 겨울잠에서 깨어난 개구리의 뛰노는 모습이 연상되는 활기찬 작품으로 봄의 밝은 기운이 느껴진다.

　　Op. 50 이전까지의 작품들은 대중 공연이나 출판을 우선적으로 염두에 두었기 때문에 하이든만의 독특한 작품세계가 잘 드러나지 않았다. 그러나 이 시기에는 하이든이 현악 4중주에 대한 경험적 연구와 더불어 진보적이고 실험적인 시도를 하게 되었고, 이 규모가 크고 신선한 곡들은 연주자들에게 더욱 더 환영을 받게 되었다. 에스테르하지 공의 전폭적인 작품 활동에 대한 지지는 수많은 작품을 탄생시킨 것 뿐만 아니라, 그 작품이 널리 알려지는데 큰 영향력을 끼쳤다.

작곡가　프란츠 요제프 하이든 *Franz Joseph Haydn*
작품명　현악4중주 D장조 Op. 50, No.6
　　　　String Quartet in D Major, Op. 50, No.6

마가다국의 빔비사라Bimbisara, B.C. 543-B.C. 491 왕은 여러 사람을 보던 중에 싯닷타를 만나게 된다. 유난히 자태가 범상치 않았기 때문에 여러 무리 중의 사람 속에서도 눈에 띄었다. 가까이에서 본 출가자 싯닷타는 누가 보아도 지혜와 식견이 뛰어난 인물이었다. 24세의 젊은 빔비사라 왕은 싯닷타에게 함께 올바른 정치를 하며 나라를 다스려 보는 것이 어떻겠냐고 물어왔다.

당시 마가다국은 이웃 코살라국과 함께 16개국의 북인도의 국가 중 가장 세력이 큰 국가였다. 하지만 싯닷타는 "저는 세상의 쾌락과 욕망에서 재난을 보았습니다."라는 말로 왕의 제안을 거절했다. 왕은 태자의 결심이 확고함을 확인하고 "당신이 원하는 삶을 성취하거든 저를 찾아 주기 바랍니다. 제가 당신의 후원자가 되겠습니다."라고 했다.

6년 뒤, 싯닷타는 '깨달은 자', 즉 '붓다'가 되어 빔비사라 왕과 재회했으며 빔비사라는 왕으로서는 최초로 붓다의 제자가 된다. 빔비사라의 귀의는 그 의미가 남다르다. 당시 가장 강력한 국가였던 마가다국의 왕의 귀의는 순식간에 북인도 일대에 알려지게 되었고, 이는 붓다의 활동에 가장 단단한 배경이 되었다.

클래식을 만난 붓다

빔비사라 왕은 죽림정사를 기증하여 붓다와 그 제자들이 수행에 전념할 수 있는 환경을 조성해 주었다. 뿐만 아니라 붓다의 제자들이 사회적으로 보호받고 존경받을 수 있는 분위기를 만들어 주었으며, 이는 기성종교와 사상가들에게 크나큰 위기 의식을 불러일으키기도 했다. 붓다는 당시 바라문 중심의 질서 세계를 정면 비판했다. 그 결과, 왕권을 강화하여 새로운 질서를 만들고자 한 통치 계층과 신흥 강자로 부상한 자산가들에게 커다란 호응을 받게 되었다. 붓다가 카스트와 르나 제도의 중간 계급이었던 이들에게 사회 전면의 지도자적 위치로 부상하는데 큰 힘을 실어 주었기 때문이다.

붓다는 전통을 적절히 수용하는 태도로, 기존의 종교나 사상에서 널리 알려진 것을 그의 입장에서 재해석하여 대중들에게 전파했다. 설법을 들은 이들은 '모두가 어렴풋이 알고 있는 내용을 쉽고 인상 깊게 전달하는구나'라는 반응을 보였다. 붓다가 공공의 라이벌이 되는 위험성을 가지고도 용기 있는 행보를 보일 수 있었던 것은 빔비사라 왕의 든든한 후원의 힘이 컸다.

하이든의 초기 작품 중에는 각각 〈아침〉, 〈점심〉, 〈저녁〉이라는 부제를 가진 교향곡들이 있다. 이 작품들은 하이든의 초기 교향곡은 바로크 시대의 합주 협주곡의 모습을 띄고 있지만 형식적으로 고전 시대 교향곡의 틀을 갖추었다. 또한 현재의 오케스트라에서는 보기 어려운 하프시코드harpsichord가 통주저음을 담당하고 있고, 현악합주에 목관악기와 금관악기를 덧붙인 소규모의 2관 편성으로 연주된다. 후에 이것이 오케스트라의 형태의 하나의 기준이 되었다.

지인들의 조찬모임, 저녁연회 등에서 사용할 배경 음악 같은 음악을 만들어달라는 에스테르하지 공의 주문이 있었을지도 모른다. 이른 아침의 종달새의 지저귐과 오후의 나른함, 저녁의 평온함을 담고 있는 이 곡들은 혹시 그의 후원자 에스테르하지 공이 하이든을 아침, 점심, 저녁 내내 음악적인 삶을 살 수 있게 해준다는 의미에 대한 보답은 아니었을까?

뜻을 펼칠 수 있도록 아낌없는 후원과 변함없는 지지를 보내주는 사람과의 인연, 하이든의 남다른 음악을 알아본 에스테르하지 가문과 붓다의 비범함을 놓치지 않은 빔비사라왕의 존재가 우리에게는 크나큰 감사함으로 다가온다. 하이든의 현악 4중주를 들어보자. 자신의 음악을 사랑해주는 사람을 위해, 그에게 아침또는 점심, 저녁이 되어주는 음악가의 따뜻함이 전해진다.

클래식을 만난 붓다

06

모차르트 플루트와 하프를 위한 협주곡

스승

볼프강 아마데우스 모차르트
Wolfgang Amadeus Mozart

플루트와 하프를 위한 협주곡 C장조 K. 299
Concerto for Flute and Harp in C Major, K. 299

수행자 싯닷타는 가장 번성했던 강대국 마가다국의 수도인 라자가하현재 비하르 주 라자가르로 향했다. 당시의 라자가하는 사문들의 활동이 활발하고, 사상의 자유가 보장된 곳이었다. 다양한 사문들의 활약과 그들에게서의 배움을 기대하며 길을 떠난 싯닷타는 참된 스승을 찾기 시작했다.

싯닷타가 먼저 찾아간 수행자는 알라라 칼라마Āḷāra Kālāma와 웃다카 라마풋타Uddaka Rāmaputta라고 하는 두 수행자였다. 싯닷타는 그들의 제자가 되어, 이들이 주장하는 최고의 선정을 배우게 되었다. 이미 어린 시절부터 뛰어난 집중력과 영민함을 지녔던 싯닷타는 곧 그들이 말하는 경지를 몸소 느끼게 되었다. 하지만 그것은 진정한 고통으로부터 벗어난 경지가 아님을 알고 두 스승의 곁을 떠나게 된다.

협주곡concerto은 독주 악기와 오케스트라를 위한 곡으로, '경쟁하다', '경합하다'라는 뜻의 라틴어 콘체르타레 concertare에서 비롯되었다. 협주곡의 원형은 '콘체르토 그로소 concerto grosso', 즉 '합주 협주곡'에서 찾을 수 있다. 원래는 독주 악기와 오케스트라가 아닌, 오케스트라 간의 경쟁이 그 기원 이 되는 것이었다. 바로크 시대에는 악기 간의 경쟁이 기악곡 의 기본 원리라고 생각되었고, 그 이후 독주 악기의 중요성이 부각되어 독주 악기를 위한 협주곡이 탄생하게 되었다. 현재 의 음악회에서 협주곡은 주인공과 같은 가장 중요한 역할을 하고 있다.

두 개 이상의 악기를 위한 협주곡 중에 가장 대표적인 협주곡은 볼프강 아마데우스 모차르트Wolfgang Amadeus Mozart, 1756-1791의 플루트와 하프를 위한 협주곡 C장조 K. 299이다. 이 곡에서는 서로 성격이 다른 두 악기가 각각 화려하면서도 조화롭게 독주악기로서의 역할을 잘 보여주고 있는 점이 특 징이다. 가장 그 역사가 오래 되었다고 생각되는 유려한 음색 의 하프와 목관악기 중 가장 화려한 테크닉을 보여주는 플루 트의 조화가 느껴진다.

또한 느린 2악장에서는 관악기는 모두 배제된 채 현악 기만으로 흐르는 오케스트라의의 선율 위에 매혹적인 음색으로 두 악기의 독주 선율이 펼쳐진다. 명상적일 정도로 고요한 이 악장에서는 특히 하프라는 다소 낯선 악기의 매력을 한껏 느낄 수 있다. 오케스트라 없이 연주되는 카덴차cadenza에서의 플루트와 하프 두 악기의 청아한 대화는 오묘하기까지 하다. 성격이 다른 두 악기가 진리를 찾아가는 고타마 싯닷타라는 인물 하나로 수렴된다는 느낌이 들기도 한다.

인생에서 참된 스승을 만나는 일은 어려운 일이다. 좋은 스승을 눈앞에서 놓치기도 하고, 다소 올바르지 못한 누군가를 스승으로 만나게 되는 경우도 종종 있다. 요즘에는 스승보다는 오히려 좋은 '멘토mentor'의 역할이 중요하게 생각되는 것 같다. 멘토는 경험이 적은 어린 사람에게 조언과 도움을 베풀어 주는 유경험자나 선배를 뜻하는 말로 호메로스Homeros, 미상-B.C. 750의 대서사시 〈오디세이아Odysseia〉에서 그 기원을 찾을 수 있다.

〈오디세이아〉는 오디세우스와 그의 아들 텔레마쿠스Telemachus의 모험담이 주를 이루는 이야기로, 전장으로 떠난 아버지 오디세우스를 대신해 그의 오랜 친구 멘토르가 텔레마쿠스를 보살피는 내용이 등장한다. 긴 시간 동안 아버지 대신하여 텔레마쿠스를 보살피는 멘토르의 역할이 마치 스승으

알라라 칼라마가 싯닷타에게
같이 수행자를 지도하자고 권
유하는 모습을 담고 있는 보
로부두르 사원(인도네시아)의
부조상.

클래식을 만난 붓다

수행자 싯닷타는 마가다국의 수도인 라자가하로 향했다. 당시의 라자가하는 사문들의 활동이 활발하고, 사상의 자유가 보장된 곳이었다. 싯닷타가 먼저 찾아간 수행자는 알라라 칼라마와 웃다카 라마풋타라고 하는 두 수행자였다. 싯닷타는 그들의 제자가 되어, 그들이 말하는 최고의 선정을 배우게 되었지만, 진정한 고통으로부터 벗어난 경지가 아님을 알고 두 스승의 곁을 떠났다. 사진은 싯닷타가 알라라 칼라마를 만나는 모습을 담고 있는 보로부두르 사원(인도네시아)의 부조상.

로 느껴지기도 한다. 그러나 필자는 지혜의 여신 아테나Athena
의 절묘한 순간마다 변하여 나타나는 모습이 진정한 오늘날
의 '멘토'의 역할이라고 생각한다. 위기에 빠진 텔레마쿠스에
게 멘토르의 모습을 빌려 기적과 같이 나타나 날카로운 조언
을 해주는 '지혜의 여신' 아테나가 진정한 스승이자 조력자의
역할을 하고 있다.

　　누군가의 가르침을 통해 마음에 품었던 문제를 풀고
싶었던 싯닷타는 두 스승을 만났지만 문제를 해결하지는 못
했다. 하지만 싯닷타는 그 두 명의 스승에게서 홀로 수행할 수
있는 수행의 기본기를 충실히 익히는 소기의 성과는 얻을 수
있었다. 그는 두 스승의 한계를 명확히 인식하고 그들을 떠나
스스로 깨달음의 길을 찾아 고행의 길로 들어선다.

　　루드비히 반 베토벤Ludwig van Beethoven, 1770-1827의 바이올
린, 첼로, 피아노를 위한 협주곡 C장조 Op. 56은 세 명의 독주
자들이 완벽한 균형을 이루었을 때 그 아름다움이 최고조에

작곡가　　루드비히 반 베토벤 Ludwig van Beethoven
작품명　　바이올린, 첼로, 피아노를 위한 협주곡 C장조 Op. 56
　　　　　Concerto for Violin, Cello and Piano in C Major, Op. 56

정경화, 정명화, 정명훈로 구성된 '정트리오'의 젊은 시절의 정갈한 음색과 음악적 패기가 느껴지는 베토벤의 '트리플 콘체르토' 음반 자켓.

달하는 기념비적인 작품이다. 1803년 작곡하여 이듬해 완성된 일명 '트리플 콘체르토'는 베토벤이 가장 작품 활동을 왕성하게 하던 시기의 작품으로 피아노 소나타 〈발트슈타인〉, 〈열정〉, 바이올린 소나타 〈크로이체르〉 그리고 교향곡 〈영웅〉등 음악적으로 성숙해진 그의 작품들이 함께 발표된 시기이기도 했다.

　　세 개의 악기가 독주 악기로 등장하는 이 특이한 협주곡은 형식적으로는 고전주의 시대의 초반에 성행했던 '신포니아 콘체르탄테sinfonia concertante나 바로크 시대의 '합주 협주곡concerto grosso'에 가까울 수 있으나, 음악적 내용으로 보면 오히려 낭만시대의 협주곡에 가깝다. 특히 다섯 개의 첼로 소나

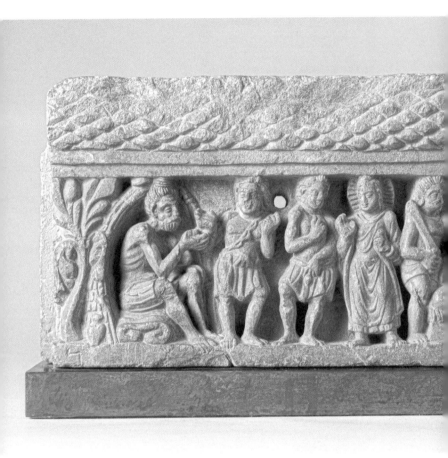

최고의 선정을 위한 수행의 경험에서, 스승에게만 의존하지 않고 스스로의 더 높은 경지를 탐구하고자 했던 싯닷타의 의지와 노력이 그를 깨달음의 길로 인도하게 되었다. 어쩌면 수행의 길과 고행을 과정을 통해 싯닷타는 스스로에게 멘토, 스승, 조력자가 될 수 있었던 것인지도 모른다. 사진은 국립중앙박물관에 소장된 '부처와 선인' 부조상.

클래식을 만난 붓다

타를 남기면서 첼로를 독주 악기로의 반열에 올려놓은 베토벤의 업적만큼이나 이 곡에서의 첼로의 역할은 돋보인다. 대부분의 도입부는 첼로의 선율이 다른 두 악기의 선율을 이끌어나가고 있으며 기교적으로도 상당히 어렵다.

다소 무겁고 단호한 1악장과 서정적인 2악장 그리고 당당하면서도 귀족적인 느낌을 주는 폴로네이즈polonaise풍의 마지막까지 악기 간의 긴장감과 동시에 서로를 음악적으로 지지해 주는 것과 같은 동지애까지 엿볼 수 있다. 오케스트라와의 경쟁, 독주 악기들 간의 경쟁, 그러나 결국에는 조화로운 하모니를 위한 여정이 여실이 드러나는 이 작품은 오랫동안 음악적으로 교류가 있었던 연주자들이나 형제 음악인들의 연주를 대했을 때 상당히 감동적이다. 1807년 초연 당시 베토벤이 직접 피아노를 맡아 연주했다는 일화가 전해지는데, 지난 시대의 형식에 다가올 시대의 음악을 담은 악성樂聖의 연주가 새삼 궁금해진다.

최고의 선정을 위한 수행의 경험에서, 스승에게만 의존하지 않고 스스로의 더 높은 경지를 탐구하고자 했던 싯닷타의 의지와 노력이 그를 깨달음의 길로 인도하게 되었다. 어쩌면 수행의 길과 고행의 과정을 통해 싯닷타는 스스로에게 멘토, 스승, 조력자가 될 수 있었던 것인지도 모른다. 여러 악기를 위한 협주곡에서 나타나는 각 악기의 선율들을 인생에서 만나는 스승, 멘토, 조력자라고 생각해보면 어떨까. 또는 스스로 노력하는 과정의 치열한 '나의 모습'으로 생각해보아도 좋을 것이다. 꽉 찬 선율 안에서 더 나은, 더 지혜로운 나의 모습을 찾아가는 여정을 함께 느껴보자.

고행

프란츠 리스트
Franz Liszt

〈메피스토 왈츠〉1번
〈Mephisto Waltz〉No.1

웃다카 라마풋타와 알라라 칼라마의 가르침에 만족하지 못한 싯닷타는 고행자들이 수행하는 고행림으로 들어갔다. 당시 인도의 사상계는 쾌락주의와 고행주의로 양분되어 있다고 해도 과언이 아니었다. 싯닷타는 쾌락주의의 덧없음을 이미 알고 있었기에 고행을 선택하게 된다.

당시 수행자들 대부분은 고행을 선택했다. 고행은 주로 육체를 괴롭히는 방식이었다. 극단적인 단식이나 숨을 참는 것, 가시침대에 눕거나 뙤약볕 밑에서 뜨거움을 참는 것 등이었다. 고행자들은 극단적인 수행을 통해 궁극의 구원을 받고 싶었다.

싯닷타 역시 6년간의 고행을 통해 자신이 추구하던 궁극적인 행복, 즉 깨달음을 얻고자 했다. 그의 고행이 얼마나 치열했는지는 다음의 경문을 통해서 엿볼 수 있다.

"나 이전에도 나 이후에도 나와 같이 고행하는 자는 없었고, 없을 것이다.

_《맛지마니까야》 중에서

하지만 고행자 싯닷타는 그토록 염원하던 깨달음을 얻을 수 없었다. 싯닷타는 고행으로는 깨달음을 얻을 수 없다는 결론에 이르게 되고, 미련 없이 고행을 포기하게 된다. 전통에 입각해 기존의 질서를 철저하게 지켜가며 고행을 선택했지만, 그것의 한계를 명확하게 깨닫게 된 것이다.

6년간에 이르는 긴 고행을 중단한 싯닷타는 네란자라 Nerañjarā 강에서 몸을 깨끗하게 씻고, 마을 처녀 수자타 Sujātā의 우유죽 공양을 받았다. 고행으로 지친 싯닷타는 충분한 휴식을 취하고 기력을 회복한 뒤 자신의 수행을 하나하나 뒤돌아보았다. 그는 다양한 욕구들의 원인을 파악하고 그것들을 제어하는 방식의 수행 방법을 생각하게 된다.

작곡가 　요한 세바스찬 바흐 Johann Sebastian Bach
작품명 　칸타타 BWV 208 중에서 〈양들은 한가로이 풀을 뜯고〉
　　　　　〈Schafe können sicher weiden〉 from Cantata BWV 208

　클래식을 만난 붓다

파키스탄 Lahore Museum에 소장되어 있는 싯닷타 고행상이다. 앙상하게 드러난 갈비뼈와 날이 선 핏줄과 힘줄이 6년간의 싯닷타의 고행을 잘 표현하고 있다. ⓒ유근자

    요한 세바스찬 바흐Johann Sebatian Bach, 1685-1750의 칸타타 BWV 208 중 아리아 〈양들은 한가로이 풀을 뜯고Schafe können sicher weiden〉를 들으면 더없이 평온한 장면이 연상된다. 이 작품은 바흐의 지인인 작센 공의 생일을 축하하기 위해 작곡된 세속 칸타타로 일명 〈사냥 칸타타〉라고 불린다. 전체적으로 밝고 경쾌함이 가득한 칸타타의 노래 중 가장 널리 알려져 있는 이 곡은 피아노곡으로 편곡되면서 상당히 서정적으로 변모되었다. 단독으로 자주 연주되는 이 아리아를 들으면 육체를 괴롭히는 고행을 그만두고 난 뒤 차분해진 싯닷타의 마음

이 느껴진다. 또한 수자타의 우유죽 공양이 주는 따뜻함과 편
안함도 함께 느껴지기도 한다.

　　싯닷타는 6년간의 금욕적인 고행을 멈추고 새로운 수
행을 시작할 수 있었다. 수행의 원천은 유년 시절의 기억에서
찾을 수 있다. 싯닷타는 어렸을 때 부왕을 따라 농경제農耕祭, 한

싯닷타가 중도 수행에 들어가자 '마라'의 방해가 시작되
었다. 싯닷타는 '깨달은 자', 즉 붓다가 되기 위해서는 마
라의 유혹과 위협을 극복해야 했다. 사진은 싯닷타가 깨
달음을 이루지 못하도록 유혹하는 마라와 세 딸의 모습
을 담고 있는 파키스탄 Peshawar Museum 소장 부조상.
ⓒ유근자

해의 풍년을 기원하는 의례, 춘경제(春耕祭)라고도 함에 갔다가 사과나무 아래
에서 경험했던 깊은 행복감을 떠올렸다. 신체적 고통을 통하
여 영혼의 정화를 기대했던 잘못된 수행 방법을 잊고, 싯닷타
는 어릴 때의 경험을 되짚으며 행복을 토대로 한 중도의 수행
법을 발견하게 된다.

싯닷타가 중도의 수행을 택했을 때 드디어 '마라Māra'가 등장한다. 마라는 죽음의 신으로 '파괴하는 자', '죽음을 초래하는 자'를 뜻하는 악마를 말한다. 마라의 역할은 붓다가 깨달음을 이루지 못하도록 방해하는 것이었다. 반대로 싯닷타는 깨달음을 성취하고 해탈을 하기 위하여 악마의 유혹과 위협을 극복해야했다. 마라는 수행을 포기하면 돈과 명예와 권력을 주겠다는 달콤한 유혹으로 싯닷타의 수행을 방해한다.

싯닷타의 성도를 방해하려는 마라의 세 딸과 악마의 모습을 담고 있는 산치대탑 북문의 조각. 가장 왼쪽에 위치한 보리수는 붓다를 상징한다.

붓다의 일생에 등장하는 악마마라는 서양의 악마사탄와는 그 의미가 다르다. 불교의 지옥은 처벌의 장소이지만 기독교의 지옥은 사탄이 지배하는 소굴인 것처럼, 마라 역시 사탄과 같은 절대 악의 화신이 아니라 욕계의 가장 높은 하늘나라

클래식을 만난 붓다

인 타화자재천他化自在天. 육욕천(六欲天) 가운데 마왕이 살고 있는 제6천의 지배자이다. 한편 이러한 악마 마라는 수행자 싯닷타의 내적 갈등을 타자화한 것으로도 이해될 수 있다. 이와 유사하게 서양의 악마는 주로 영혼의 거래를 통하여 인간의 욕망을 자극하는 역할을 한다.

세르게이 프로코피에프Sergei Prokofiev, 1891-1953의 피아노를 위한 네 개의 소품 Op. 4 의 네 번째 곡은 〈악마적 암시 Diabolic Suggestion〉라는 제목을 가지고 있다. 이 곡에 대한 특별한 에피소드나 작곡 배경은 알려져 있지 않다. 작곡가는 아마도 그 제목과 음악 자체만으로 듣는 이에게 강한 인상을 주기를 바랐던 것 같다.

저음으로부터 먼 악마의 음성과도 같은 스타카토 선율로 곡이 시작된다. 강한 고음의 불협화음과 트릴이 등장하고 곧이어 한숨을 쉰 듯한 후, 쉴 새 없는 악마의 유혹이 여기저기서 쏟아져 나오는 것만 같다. 끊임없는 스타카토 패시지로

작곡가　세르게이 프로코피에프 Sergei Prokofiev
작품명　4개의 소품 중 〈악마적 암시〉
　　　　〈Diabolic Sugguestion〉 from 4 Pieces, Op. 4

피아노의 타악기적인 면모가 드러나는 이 작품은 적절한 반음계와 불협화음이 악마적인 암시를 계속 표현하고 있다. 고행을 중단하고 선정 수행을 시작한 싯닷타에게 유혹을 펼치는 마라의 속삭임이 연상된다.

프란츠 리스트Franz Liszt, 1811-1886의 피아노곡 〈메피스토 왈츠〉 1번은 그의 대표적인 피아노 소나타 B단조와 함께 피

리스트 〈메피스토 왈츠〉의 자필악보.

아노곡에서 볼 수 있는 악마적인 성격이 매우 잘 드러나 있다. 괴테의 〈파우스트Faust〉에 등장하는 사탄의 대리인인 메피스토펠레스Mephistopheles에 초점이 맞추어진 곡으로 니콜라우스 레나우Nikolaus Lenau, 1802-1850의 시에 토대를 두고 있다.

크게 세 부분으로 나눌 수 있는 이 곡은 첫 시작부터 강렬한 화음의 연타로 시선을 모은다. '마을 선술집에서의 무도'라는 부제를 가지고 있듯이 메피스토펠레스는 매혹적인 왈츠로 마을 처녀들을 유혹하고 있다. 악마적인 분위기를 가장 잘 느낄 수 있는 스타카토와 옥타브 그리고 양 방향으로 펼쳐지는 스케일 등이 쾌락적인 느낌으로 가득 차 있다. 느리고 서정적인 부분인 두 번째 부분은 앞부분과는 대조적으로 파우스트의 구애를 담고 있다. 파우스트를 상징하는 주제는 부드러우나 더 직설적이고 매혹적이다. 다시 격정적인 메피스토펠레스의 주제가 등장하여 다양하고 화려한 피아니즘을 보여주며, 비밀스러운 음모와 직접적인 유혹이 엇갈리는 것 같은 분위기의 이 왈츠는 격정적인 코다로 끝맺음한다.

서양 클래식 음악에서 묘사되는 악마는 서양 종교에서의 사탄 그 자체의 모습에 인간의 내적 갈등이 구체화 된 실체로 표현된다. 또한 그 모습은 도덕적이고 선량한 인간을 유혹하는 모습으로 나타나 갈등의 시초를 제공하게 된다. 싯닷타의 선정의 수행은 바흐의 담담한 레가토 선율로, 마라의 유혹은 피아노의 타악기적인 모습을 가장 잘 느낄 수 있는 스타카토로 표현된 선율로 감상하며 모든 번뇌를 물리치고 깨달은 이, 붓다의 모습을 예견해 보자.

깨달음

존 케이지
John Cage

〈4분 33초〉
〈4' 33"〉

중도中道에 입각한 선정 수행을 통해 싯닷타는 진정한 깨달음을 얻었다. 출가를 결심하고 수행한 지 6년만인 서른다섯 살이 되던 해, 깨달은 자, '붓다'가 된 것이다. 붓다는 중도를 '고행이나 쾌락, 그 어느 쪽에도 편향되지 않은 가장 적절한 상태 또는 탁월한 상태'라고 설명했다. 다시 말해서, 중도를 통한 붓다의 깨달음은 극단적인 것을 떠나 해탈과 깨달음을 성취하는 가장 적절하고 훌륭한 상태라는 것이다. 또한 번뇌의 완전한 소멸과 그것에 대한 명확한 통찰력으로 인생에 있어서의 궁극적인 숙제를 해결한 것과 같은 의미이다.

존 케이지John Cage, 1912-1992는 우연성을 바탕으로 한 아방가르드적 작품들을 남긴, 20세기 후반에 끊임없이 음악에 대한 새로운 시도를 했던 현대 작곡가이다. 아무 음도 연주되지 않는 음악으로 유명한 〈4분 33초〉가 그의 대표적인 작품이다. 캘리포니아에서 태어난 존 케이지는 어린 시절부터 음악 이외에도 건축, 미술 등 다양한 경험을 쌓았다. 로스앤젤레스에서 작곡가 쇤베르크Arnold Schönberg, 1874-1951에게 화성 이론 및 작곡법을 배웠는데, 전통적인 작곡 방법이 자신에게 잘 맞지 않음을 느끼고, 자신만의 특별한 작곡법을 연구했다.

항상 정해진 소리에 의해 음악이 표현되는 것을 진부하다고 느꼈던 그는 '소음'과 '만들어진 소리'에 대해서 생각해 보게 되었고, 피아노 현에 볼트, 장난감, 고무, 나무토막 등등을 놓고 연주 하거나 피아노 뚜껑을 닫아 놓고 주먹이나 다른 것을 이용하여 소리를 내어 연주하는 작품들을 구상하게 되었다. 훗날 prepared piano장치된 피아노를 위한 작품도 발표하게 된다.

그는 또한 침묵silence에 대한 생각을 계속하게 되는데, 그 무렵 시카고에서 뉴욕으로 옮겨, 컬럼비아 대학에서 2년 동안 스즈키 다이세츠의 강의를 듣게 되었다. 새로운 것, 비어 있는 것 등에 대한 연구가 '선'을 만나는 계기가 되었던 것이다. 존 케이지는 스즈키 다이세츠鈴木大拙, 1870-1966의 강의를 들으며 언제나 근본적이고 근원적인 '소리'에 대한 연구와 끊임없는 시도를 해왔다. 선에 대한 공부가 없었더라면 그의 음악

클래식을 만난 붓다

은 전혀 다른 방향으로 펼쳐졌을 수도 있었다. 그는 "나에게 맞는 종교는 '선불교'뿐이다."라고 했고, 후에 자신이 맡은 예술 강의에서 선불교에 대한 부분도 자주 언급했다. 그 무렵 작곡된 그의 피아노 작품 〈In a Landscape〉은 상당히 명상적이고 동양적인 느낌까지 담고 있다. 그의 작품 중 같은 해에 작곡된 〈Dream〉과 이 곡만이 이런 독특한 분위기를 가지고 있다.

1952년 존 케이지의 대표작인 〈4분 33초〉가 탄생하게 된다. 그가 한 대학의 무향실_{무음실}에 들어갔을 때, 완벽한 흡음으로 아무 소리도 들리지 않을 것이라 생각했었다. 그러나 그는 기대와는 정반대로, 두 가지 종류의 소리가 나는 것을 듣게 되었다. 그것은 자신의 자율신경계에서 나는 소리와, 혈액이

존 케이지와 스즈키 다이 세츠가 만난 모습(1962, 교토).

싯닷타는 끝없는 탐구와 수행을 통해 깨달음의 경지에 도달
했다. 사진은 깨달음을 증득한 붓다와 이를 경배하는 천신들
의 모습을 담고 있는 미국 Freer Gallery of Arts의 부조상.

흐르는 소리였다. 순간 그는 평소에 생각하던 '침묵'은 사실은 존재하지 않는다는 것, 즉 '완전하고 영원한 침묵'은 없다는 것을 깨닫게 되었다.

또한 침묵 속에서 우연히, 비의도적인 상태에서 발생하는 소리 역시 음악의 일부분이라는 생각을 하게 되었고, 이것을 작품에 담아내기로 했다. 〈4분 33초〉는 273초, 즉 절대온도 273도를 뜻한다고 정의했다. 악보에는 오선과 음표 대신 세 개의 각 악장 첫 부분에 침묵을 뜻하는 타셋tacet이라는 표시 외에 피아노 뚜껑을 열고 닫는 지시가 있으며, 각 악장을 1분 33초, 2분 40초, 1분 20초간 연주해야 한다는 설명이 적혀 있다.

이 곡이 초연 되었을 때, 평가가 극과 극을 달렸다. "저게 뭐하는 짓인가, 장난인가?", "음악인가, 아닌가?", "작곡이나 연주를 아무나 하겠다." 등의 온갖 혹평이 쏟아지기도 했다. 하지만 〈4분 33초〉는 콜럼버스의 달걀과 같은 의미라고 볼 수 있다. 이날 피아니스트는 어떤 음도 소리 내지 않았지만, 이 연주가 이루어지는 순간에 발생한 모든 소리는 이 작품을 구성하는 요소가 되었다. 청중의 기침 소리, 연주자가 넘기는 책장 소리, 연주회장에 날아다니던 날파리의 소리, 아무것도 연주하지 않아서 저게 뭘까 궁금해 하며 옆 사람에게 물어보려고 귓속말 할 때 스치던 코트의 소리 등등, 그 장소에 함께 있었던 모든 의도되지 않은 소리들이 음악이 되는 것이었다. 〈4분 33초〉의 오케스트라와 솔리스트를 위한 연주는 피아노에서 연주하는 것과는 또 다른 감상을 주기도 한다.

　　어떤 평론가는 이 〈4분 33초〉가 연주 되고나서, "저것이 진정한 선禪이다!"라고 했다고 한다. 이런 무작위적이고 전위적인 작품을 만든 존 케이지를 흠모했던 사람이 비디오 아티스트 백남준1929-1997이었다. 존 케이지의 음악과 작품 세계에 반한 백남준은 1958년에 그를 만나게 되었고 "1957년은 나에게 B.C.Before Cage 1년이다. 또한 기원후는 1993년존 케이지가 타계한 이듬해이다."라고 할 만큼 백남준은 존 케이지에 무한한 경의를 표하게 된다.

　　존 케이지가 '장치된 피아노'를 고안해 낸 것처럼, 백남준은 건반을 연주하면 연결된 선을 통해 라디오가 켜지

작곡가　존 케이지 *John Cage*
작품명　〈In a Landscape〉

고, 헤어 드라이기가 작동하는 〈총체 피아노〉라는 작품을 만들었다. 또 피아노 위에 여러 개의 브라운관이 배치되어 있어 널리 알려진 〈TV피아노〉도 그의 영향을 받은 작품이다. 또한 그는 1974년에는 TV를 시청하는 붓다의 모습을 다시 TV를 통하여 송출하는 〈TV붓다〉를 탄생시키기도 했다. 쾰른 루드비히 미술관Museum Ludwig에서 진행된 퍼포먼스에서는 백남준이 직접 법의를 걸치고 TV 앞에 앉기도 했다. 현재 용인시의 백남준 아트센터에 전시 되어있는 이 작품은 관객이 붓다가 바라보는 TV 화면을 보기 위해 고개를 내밀면 관객이 화면 속에 등장하게 된다는 점에서 우연성과 열려있음을 생각했던 존 케이지의 〈4분 33초〉를 연상시킨다.

익숙한 악기의 소리에서 벗어난, 소리와 소음에 대한 연구가, 역으로 '침묵'에 대한 물음으로 바뀌고, 오랫동안 집착해왔던 침묵, 근본적인 소리에 관한 의문이 선불교를 만나게 되어, '완전한 침묵은 없다'는 아주 중요한 깨달음까지 도달하게 된다. 그것은 관념을 뛰어넘어 진정한 비어있음과, 비의도적, 무작위적 모든 소리에 대한 영감으로 이어져, 서양 현대음악사에서 기념비적인 작품을 남기게 되었으며, 또 다른 전위적인 예술장르까지 영향을 미치게 되었다.

'백남준 아트센터'에 전시된 'TV붓다'.

　　불교는 깨달음의 종교이다. 싯닷타는 끝없는 탐구와
수행을 통해 깨달음의 경지에 도달했다. 붓다는 모든 존재는
만남에 의하여 이루어지고 사라진다는 것, 모든 것이 서로 의
지하여 발생하게 된다는 연기緣起에 대해 설명했다. 이것은 깨
달음이 현실과 동떨어진 초월적 경지도 아니며, 어느 순간 갑
자기 찾아오는 것도 아니라는 것을 뜻한다. 끊임없는 자기반
성과 노력으로 깨달음의 경지에 이른 붓다의 모습과 존 케이
지의 계속된 음에 대한 탐구를 통한 음악적 깨달음은 그 방향
이 맞닿아 있는 것 같다.

클래식을 만난 붓다

09
멘델스존〈고요한 바다와 즐거운 항해〉

권청

펠릭스 멘델스존
Felix Mendelssohn

서곡〈고요한 바다와 즐거운 항해〉 Op. 27
Overture〈Meeresstille und glückliche Fahrt〉, Op. 27

모든 번뇌를 물리친 깨달음의 경지, 즉 열반은 평온함 그 자체였다. 붓다는 자신의 깨달음을 음미하기 시작했다. 그리고 과연 열반의 경지를 이해할 수 있는 자가 있을지 곰곰이 생각해 보았다. 붓다는 혹시 이 깨달음의 상태를 사람들에게 말한다고 하더라도 모두 이해하지 못하고 험담을 하거나 다른 구업을 지을지도 모른다는 생각을 하게 되었다. 그래서 붓다는 조용한 입멸을 결심했다.

그때 범천브라흐만이 나타났다. 붓다의 제자인 범천은 붓다의 결심을 눈치 채고 간절히 부탁한다.

"깨달은 이가 나오는 것은 참으로 드문 일입니다. 붓다께서 가르침을 주시지 않으면 사람들은 영원히 고통에서 벗어나지 못합니다."

붓다는 처음에는 대중에게 설법을 하지 않을 생각이었다. 번뇌에 물든 이들은 어렵게 얻은 것을 쉽게 받아들이기 어렵고, 자신의 말을 잘 듣지 않을 것이라고 생각했기 때문이다. 범천은 다시 한 번 간곡하게 아뢰었다.

"번뇌에 적게 물든 이들은 잘 이해할 수 있을 것입니다."

보통 서곡overture은 오페라나 연극의 막이 오르기 전에 연주되는 단악장의 짧은 관현악곡을 말한다. 오페라의 주요 선율을 포함하고 있어 청중들은 서곡을 감상하면서 극의 내용이나 분위기를 짐작할 수 있다. 낭만주의 시대에는 오페라나 극과는 관련이 없는 독립적인 형태의 '연주회용 서곡'이 많이 작곡되었고, 서곡은 일정한 형식을 갖춘 한 악장짜리 기악 장르로 자리 잡게 되었다.

펠릭스 멘델스존Jakob Ludwig Felix Mendelssohn-Bartholdy, 1809-1847의 연주회용 서곡 〈고요한 바다와 즐거운 항해Meeresstille und glückliche Fahrt〉 Op. 27은 괴테Johann Wolfgang von Goethe, 1749-1832의 시 두 편에 영감을 받아 작곡되었다. 〈고요한 바다〉는 1787년 괴테가 카프리 연안에서 바람이 전혀 불지 않아 배가 앞으로

깨달음을 증득한 붓다는 조용한 입멸을 결심했다. 붓다의 결심을 눈치 챈 범천이 홀연히 나타나 "붓다께서 가르침을 주지 않으면 사람들은 영원히 고통에서 벗어나지 못합니다."라며 설법을 간절히 청한다. 사진은 범천이 붓다에게 가르침을 청하는 장면으로, 미국 Metropolitan Museum of Arts에 소장되어 있는 부조상.

나가지 않아 위험했던 경험을, 〈즐거운 항해〉는 다시 바람이 불기 시작하여 배가 움직이고 드디어 육지가 보이는 안도감을 담고 있는 경험을 그려낸 작품이다. 이 서곡이 작곡되었던 1828년 당시에는 많은 사람들이 괴테의 시를 즐기고 있어, 청중들은 멘델스존의 작품을 매우 잘 이해했다. 낭만주의 시대는 이렇듯 미술, 음악, 문학 간의 장르가 이전의 시기보다 훨씬 더 서로 유기적인 관계를 이루고 있었다. 많은 곡들이 문학 작품의 내용을 담고 있기도 했고, 회화의 영향을 받기도 했다.

범천이 붓다에게 가르침을 청하는 모습을 담고 있는 파키스탄 Swat Museum의 부조상.   ©유근자

클래식을 만난 붓다

이 곡은 두 개의 시의 내용과 같이 두 부분으로 구분된다. 첫 번째 시 〈고요한 바다〉의 시작은 저음의 매우 고요한, 그러나 터질 것만 같은 무언가를 담고 있는 것 같은 현악의 선율 위로 두 대의 플루트와 바순이 주저하듯 등장하며 곧 첼로를 중심으로 불안정한 느낌의 선율이 펼쳐진다. 바람이 불지 않아 죽음과 같은 고요한 바다를 보며 근심에 가득한 사공의 불안한 심경을 토로한 것 같은 느낌이다.

> 물속에 깊은 고요가 깃들고
>
> 바다는 잠잠하다.
>
> 사공은 근심스럽게
>
> 고요한 수면을 둘러본다.
>
> 어느 곳에서도 바람 한 점 불지 않고,
>
> 죽음 같은 고요가 무섭게 밀려온다.
>
> 끝없이 넓은 바다에
>
> 물결 하나 일지 않는다.
>
> _ 괴테의 〈고요한 바다Meeresstille〉

망설이는 듯한 플루트 음형과 호른의 교차되어 울리는

선율은 마치 바람이 처음 불어오는 것 같다. 곧이어 모든 악기들이 번갈아 등장하여 돛이 풀리면서 배가 움직이기 시작하는 모습을 나타내며, 확신에 찬 D장조의 당찬 선율이 터지듯 울리고, 현악기의 유니즌unison으로 반복되는 리드미컬한 패시지들은 출항의 즐거움을 노래한다.

> 안개가 걷히고,
>
> 하늘은 밝고,
>
> 바람의 신이
>
> 근심의 끈을 푼다.
>
> 바람이 산들거리고
>
> 사공이 움직인다.
>
> 빨리, 빨리.
>
> 물결이 갈라지고.
>
> 나는 이미 육지를 본다!
>
> _ 괴테의 〈즐거운 항해Glückliche Fahrt〉

괴테의 시는 "이미 나는 육지를 본다Schon seh' ich das Land!"는 구절로 끝나지만, 멘델스존은 마치 즐거운 항해를 마친 배가 항구까지 안전하게 들어가는 모습까지 그리듯, 팡파레 코다 뒤에 고요한 끝맺음을 덧붙였다. 앞의 시에서의 공포와 불안의 고요함과는 다른 안정감이 주는 이 고요함은, 같은 조용함이지만 그 느낌은 사뭇 다르다. 멘델스존의 친구인 마르크스Adolf Bernhard Marx, 1795-1866는 이 곡을 '표제음악program music의 발전 경로에서 하나의 이정표'로 인정하기도 했다. 놀랍게도 멘델스존은 이 곡을 작곡할 때만 하더라도 바다로의 여행을 경험하지 못한 상태였다. 시에 대한 이해와 뛰어난 음악적 묘사력이 이런 훌륭한 음악적 상관물을 창조해낸 것이다.

영국에서의 훌륭한 활동 이후 떠난 스코틀랜드 지역의 크루즈 여행 중 헤브리디스 제도Hebrides를 항해하며 받은 영감으로 작곡된 서곡 〈핑갈의 동굴Die Fingals-Höhle〉 Op. 26은 또 다

서곡 멘델스존 〈고요한 바다와
즐거운 항해〉의 자필악보.

른 바다의 풍경을 담고 있다. 회화에도 재능을 보였던 멘델스존은 여행 중 스코틀랜드의 풍경을 그린 스케치들을 일기 형식으로 남겼다. 그의 그림들과 함께 이 곡을 감상하면, 멘델스존이 얼마나 뛰어난 예술가였는지 알게 된다. 이 곡은 특히 웅장하면서도 특이한 모습의 동굴의 모습과 주변의 바닷가의 모습이 마치 그림으로 그려내듯 음악의 언어로 묘사되어 있다.

멘델스존이 스코틀랜드를
여행하며 남긴 그림과 메모
(1829).

멘델스존은 특히 우아하고 고상한 선율들로 가득한 수준 높은 작품들을 남겼다. 슈만은 '과거의 계승자, 미래의 예지자'라는 평가와 함께 멘델스존을 '19세기의 모차르트'라고 극찬했다. 괴테 역시 멘델스존의 연주를 듣고 감탄한 것은 물

클래식을 만난 붓다

론, 수준 높은 대화를 나눈 후에는 어린 멘델스존의 교양과 지적 수준에 놀라워했다. 또한 첼리스트 파블로 카잘스Pablo Casals, 1876-1973는 '멘델스존은 고전주의 안에서 편안함을 펼쳤던 낭만주의자'라고 했다. 유복한 은행가 가문에 태어나 어려서부터 다양한 교육을 받은 멘델스존의 작품 곳곳에는 안정감과 평온함 그리고 세련된 정갈함이 묻어난다. 그는 어려서부터 음악을 비롯해 문학·수학·역사·지리·언어는 물론이고 회화와 체육까지 고루 섭렵하여, 마치 르네상스 시대에 여러 분야에서 뛰어난 재능을 펼쳤던 레오나르도 다빈치Leonardo da Vinci, 1452-1519와도 같은 인물이었다.

멘델스존이 그의 서곡에서 남긴 넓고 큰 바다의 풍경을 붓다의 설법으로 느껴 보면 어떨까. 붓다는 고민 끝에 아직 번뇌에 적게 물든, 지혜로운 자들에게 설법하기를 결심하고 이렇게 말했다.

작곡가 **펠릭스 멘델스존** *Jakob Ludwig Felix Mendelssohn-Bartholdy*
작품명 **서곡 〈핑갈의 동굴〉 Op. 26**
Overture 〈Die Fingals-Höhle〉, Op. 26

"불사不死의 문이 열렸으니, 낡은 믿음을 버리고 귀 있는 자들은 들으라."

바람 한 점 불지 않는 〈고요한 바다〉의 풍경을 붓다의 설법에 대한 깊은 결심으로, 확신에 찬 선율들로 시작해 안정감 있게 조용히 끝맺는 〈즐거운 항해〉는 붓다의 설법에 비유해 본다. 또한 웅장한 〈핑갈의 동굴〉의 모습을 묘사한 절묘함을 붓다의 새로운 진리를 알리는 고귀한 선율로 생각해 보자.

범천의 권청은 붓다의 깨달음과 그 진리가 얼마나 위대한지를 강조하기 위하여 후대의 역사가들이 문학적으로 구성한 이야기라고도 볼 수 있다. 음악회의 문을 여는 역할을 하는 서곡과 붓다의 첫 설법을 결심을 함께 생각해보자. 그 시대의 엄친아 멘델스존의 문학적 서사와 회화적 묘사를 담은 두 서곡을 들으며, 문학적 요소가 가미된 이 범천의 권청의 일화를 다시 한 번 생각해 볼 수 있었으면 좋겠다.

10
모차르트〈그랑 파르티타〉

초전법륜

初轉法輪

볼프강 아마데우스 모차르트
Wolfgang Amadeus Mozart

관악 세레나데 Bb장조 〈그랑 파르티타〉 K. 361
Serenade in Bb Major 〈Gran Partita〉, K. 361

'천의무봉天衣無縫'. 볼프강 아마데우스 모차르트Wolfgang Amadeus Mozart, 1756-1791의 작품을 가장 잘 표현한 말인 것 같다. 인위적으로 꾸미거나 무언가를 가공하지 않은 최대한 자연스러움을 담고 있는 모차르트의 음악은 '바느질한 자리가 없는 천상의 옷'과 같이 그 아름다움을 자랑한다. 실제로 모차르트의 작품은 그 완성도에 있어서 초기의 작품과 후기의 작품 간의 차이가 거의 없다. 그러나 "남들은 내가 천재라 아무 노력도 하지 않는 것으로 알고 있지만, 나도 끊임없이 공부하고 연구한다."고 한 모차르트의 말에서 알 수 있듯이, 뛰어난 천재 역시 그 악상을 작품에 녹여 내기 위해 남몰래 구슬땀을 흘렸다.

　세레나데는 원래 저녁에 연주되는 음악으로, 사랑하는 이의 집의 창문 앞에서 사랑을 고백하는 노래를 말한다. 우리에게 익숙한 〈아이네 클라이네 나흐트무지크Eine Kleine Nachtmusik)도 관현악으로 연주되는 세레나데에 속한다. 모차르트는 열 곡이 넘는 관현악 세레나데를 작곡했다. 모두 여러 악장으로 구성된 곡들로 편안하고 자연스러운 분위기의 작품들이다.

깨달음을 얻은 붓다가 가장 먼저 설법을 전하기로 한 사람들은 그가 고행림에서 수행할 때 만났던 수행자들이었다. 그 당시 고행림에는 콘단냐Koṇḍañña를 비롯한 다섯 명의 수행자가 함께 하고 있었다. 그들은 싯닷타의 수행력에 감동을 받아 그를 돕기로 했었다. 그러나 싯닷타가 고행을 포기하자, 그들은 그를 비난하고 떠나갔다. 붓다는 고행림의 다섯 수행자들은 오랜 수행을 통해 번뇌가 옅어진 지혜로운 자들이라 가르침을 잘 이해할 수 있을 것이라 생각했기 때문에, 그들을 첫 설법의 대상자로 삼았다.

여전히 고행 수행을 하고 있었던 다섯 수행자들은 멀리서 걸어오는 붓다의 모습을 보고는 서로 그를 보고 아는 척

작곡가 볼프강 아마데우스 모차르트 Wolfgang Amadeus Mozart
작품명 〈아이네 클라이네 나흐트무지크〉
        Serenade in G Major 〈Eine Kleine Nachtmusik〉, K. 525

클래식을 만난 붓다

도 하지 말자고 이야기 했다. 그러나 붓다가 가까이 다가서자 자신도 모르게 붓다에게 자리를 권하며 머리 숙여 인사했다. 극단적이고 편협한 방법의 수행을 계속하고 있었던 그들이지만 깨달은 자, 붓다의 모습에 저절로 끌려가듯 그를 맞이하게 된 것이다.

붓다는 중도中道의 내용으로 팔정도를 설하고 사성제와 오온무아五蘊無我의 가르침으로 다섯 수행자를 깨달음으로 인도했다. 이것을 초전법륜初轉法輪이라고 한다. '처음으로 법의 바퀴를 굴렸다'는 뜻으로, 붓다의 진리가 세상을 향해 펼쳐졌음을 의미한다. 가장 먼저 깨우친 콘단냐를 비롯하여 다섯 명의 수행자들은 붓다의 최초의 출가 제자가 된다. 붓다는 자신을 포함해 이 세상에 여섯 명의 아라한이 존재한다고 말했다.

모차르트의 세레나데 B♭장조 K. 361은 관악앙상블을 위한 작품이다. 〈그랑 파르티타Gran Partita〉라는 부제에서도 알 수 있듯이 일곱 개의 악장으로 이루어진 비교적 규모가 큰 작품이다 파르티타는 원래 이탈리아에서 변주곡을 뜻했으나, 17세기 후반부터 모음곡이라는 뜻을 가지게 되었다. 다른 세레나데와는 달리 오보에 2명, 클라리넷 2명, 바셋 호른 2명, 호른 4명, 바순 2명 그리고 콘트라베이스 주자가 연주하는 이 곡은 관악기의 어우러지는 선율에서 느낄 수 있는 웅장함과 모차르트 특유의 우아함이 공존한다.

　　이 곡의 백미는 막 노을이 지고난 후의 차분함과 평온함이 담겨있는 것 같은 3악장이다. 모차르트의 일화를 다룬 영화 〈아마데우스Amadeus, 1984〉에도 등장하는 이 악장은 모차르트의 천재성을 드러내는 에피소드에 사용되었다. 또한 영화 속에서 평생을 모차르트를 부러워했던 살리에리Antonio Salieri, 1750-1825가 노년에 모차르트에 대해 회상을 하며 감탄하면서도 절규를 하는 모습 뒤로 고요히 흐른다. 영화 속 살리에리의 대사처럼 이 곡은 바셋 호른과 바순의 Eb장조의 유니즌 펼침화음broken chord 위로 조용히 들려오기 시작한다. 녹슨 아코디언의 소리처럼 오보에의 주요 선율이 등장하고, 그 여음이 사라지기도 전에 클라리넷의 선율이 들려온다. 감미롭게 시작되는 조화로운 소리들은 점점 에너지를 가지고 클라이맥스로 향해가며 각 악기들의 색채가 절묘하게 발휘된다.

　　이 곡은 모차르트가 평생에 걸쳐 연구하며 시도했던 관악기에 대한 다양하고 새로운 아이디어가 총망라된 최고의 작품으로 꼽힌다. 또한 비엔나에서 바흐Johann Sebastian Bach, 1685-1750와 헨델George Friedrich Händel, 1685-1759의 음악에 대해 공부하며 익힌 대위법 기법이 세련되게 녹아들어 모든 악기의 음색 깨달음을 얻은 붓다가 가장 먼저 설법을 전하기로 한 사람들은 그가 고행림에서 수행할 때 만났던 수행자들이었다. 그들은 오랜 수행을 통해 번뇌가 옅어진 지혜로운 자들이라 가르침을 잘 이해할 수 있을 것이라 생각했기 때문이다. 사진은 미국 Freer Gallery of Arts의 초전법륜 부조상.

이 다채롭게 등장하며 그 개성을 나타내고 있다. 또한 아다지오 악장이지만 너무 비장하거나 심각하지 않은 분위기는 봄밤에 부는 가벼운 바람의 느낌도 담고 있다.

평생 모차르트의 그늘에 가려 그의 음악을 한 번도 평온한 마음으로 대할 수 없었던 살리에리가 노년에 이르러서야 비로소 인정하고 솔직한 심정으로 대하는 영화 속 장면은 비록 픽션이 가미된 에피소드라 할지라도, 모차르트의 음악이 얼마나 사람들의 마음을 어루만져 주었는지를 알 수 있다.

모차르트 〈그랑 파르티타〉 3악장의 자필악보.

클래식을 만난 붓다

"한 번도 들어본 적 없는 음악이었소. 그처럼 동경으로 가득한, 충족되지 못할 동경으로 가득한 음악이라니……."

영화 속의 대사처럼, 꾸미지 않고 소박하게 흐르는 선율의 자연스러움 속에 모차르트의 천재성이 담겨있다.

붓다는 녹야원의 초전법륜에서 고통과 쾌락의 양극단을 벗어난 중도를 통해서 깨달음을 얻었음을 밝히고 있다. 중도의 의미는 글자 그대로의 풀이와 같은 '가운데 길'을 뜻하는

1841년 모차르트의 탄생 50주년을 기념하여 고향 잘츠부르크에 설립된 모차르테움(음악원).

것은 아니다. 기회주의나 눈치를 보는 그런 중간을 고집하는 뜻이 아니라는 것이다. 당시 인도에서 널리 유행했던 쾌락주의나 고행주의라고 하는 극단적인 수행에서 벗어난 균형 잡힌 생각과 행동이 중도의 올바른 의미이다.

모차르트의 〈그랑 파르티타〉의 아다지오Adagio 악장에서 각 악기가 드러내는 단단하면서도 견고한 음색은 마치 어느 한쪽으로 치우치지 않은 중도의 길을 연상케 한다. 과장 없이 특별한 기교를 표현하지 않은, 날카롭지 않은 고음과 답답하지 않은 저음의 주선율들의 조화, 그 속에서도 모 나지 않게 곡을 지탱하는 지속되는 리듬. 길지 않은 아다지오 악장은 모차르트의 수많은 작품 중에서도 특히 안정되고 흔들림 없는 중정한 길에 견줄 수 있을 것 같다. 모두 일곱 개 악장으로 총 길이가 50여 분이 되는 대곡인 〈그랑 파르티타〉의 각 악장에서 붓다의 첫 번째 가르침 '고락중도苦樂中道'를 떠올려보자.

클래식을 만난 붓다

11

코플랜드 〈보통 사람들을 위한 팡파레〉

귀족 자제의 출가

레너드 번스타인
Leonard Bernstein

〈보통 사람들을 위한 팡파레〉
〈Fanfare For The Common Man〉

지난 2018년 탄생 100주년이었던 지휘자 레너드 번스타인 Leonard Bernstein, 1918- 1990은 예술, 종교, 문화, 인종, 종교 등 모든 면에서 '20세기의 르네상스인'이라고 할 만큼 광범위한 활동을 펼쳤다. 구스타프 말러Gustav Mahler, 1860-1911의 교향곡 전곡을 세계 최초로 레코딩하여 전 세계적으로 '말러 열풍'을 일으킨 것이 인상적인 업적 중의 하나이다. 또한 클래식 음악가로서 최초로 뮤지컬 〈웨스트 사이드 스토리West Side Story〉를 작곡하여 브로드웨이에 입성하였다.

번스타인은 이 작품으로 어렵고 진부한 클래식 음악에

작곡가   **레너드 번스타인** *Leonard Bernstein*
작품명   뮤지컬 〈웨스트 사이드 스토리〉 중 〈Tonight〉
          〈Tonight〉 from 〈West Side Story〉

서 벗어나 새로운 음악을 미국 전역에 널리 알리는 기회를 만들며 흥행에도 성공했다. 특히 남녀 배우가 부르는 〈Tonight〉는 뮤지컬 곡으로서는 브로드웨이 역사상 가장 많은 인기를 끈 작품으로도 손꼽힌다. 〈로미오와 줄리엣〉의 현대판이라고 할 수 있는 이 작품은 단순히 두 남녀의 사랑 이야기를 다루는 데 그치지 않고, 빈민가의 풍경이나 이민자의 생활 등 1950년대의 미국 사회의 다양한 모습을 담고 있다.

붓다의 여섯 번째 제자인 야사Yasa는 원래 바라나시에서 가장 부유한 거상의 아들이었다. 그는 붓다와 마찬가지로 부유하고 풍족한 어린 시절을 보냈다. 야사는 친구들과 함께 매일 같이 무녀와 악공을 불러 연회를 즐겼다. 그러던 어느 날, 여느 때처럼 연회를 즐기던 그는 새벽녘 잠에서 깨어 회랑

바라나시의 거상의 아들인 야사의 출가는 인근 귀족 자제들의 집단 출가로 이어졌다. 경전에서는 이것을 "세상에 61명의 아라한이 존재하게 되었다."라고 기술하고 있다. 사진은 아잔타 석굴 제1굴의 벽화에 남아 있는 야사의 출가 모습이다.

클래식을 만난 붓다

을 나갔다가 충격에 휩싸이게 된다. 밤새 그와 함께 환락을 즐겼던 아름다운 자들의 모습이 하루가 지난 아침에는 추한 모습으로 변해 있었기 때문이다. 그는 그길로 집을 나와 녹야원 근처를 헤매며 괴로움에 울부짖었다. 마침 붓다는 최초의 다섯 비구를 깨달음의 길로 인도한 뒤, 녹야원 근처에 머물고 있었다. 붓다는 야사가 새벽에 집에서 뛰쳐나온 날, 그가 헤매고 있던 숲에서 새벽 경행을 하고 있었다.

야사를 만난 붓다는 그에게 차제설법次第設法, 보시를 실천하고, 계율을 지키면 천상에 태어난다는 가르침을 하여 그가 인과의 이치를 이해했을 때, 사성제의 가르침을 설하였다. 그리고 야사는 붓다를 만난 지 몇 시간 지나지 않아 곧 깨달음을 얻게 되었다. 야사의 깨달음은 불교사에서 커다란 의미를 갖는다. 야사는 부모님의 허락을 받고 출가하여 붓다의 여섯 번째 제자가 되었다. 야사의 아버지 역시 붓다의 첫 번째 우바새남성 재가불자가 되었고, 어머니와 누이 또한 최초의 우바이여성 재가불자가 되었다.

야사의 출가 소식을 들은 그의 친구 54명은 야사를 되찾고자 붓다를 찾아가게 되지만, 붓다의 가르침을 듣고 이들 역시 출가하게 된다. 이로서 바라나시 근처의 귀족 자제들의 집단 출가하는 전대미문의 일이 벌어지게 되었다. 그들 모두 붓다의 가르침을 듣고는 오래지 않아 깨달음을 얻어 아라한이 되었다. 경전에서는 이것을 "세상에 61명의 아라한이 존재하게 되었다."라고 기술하고 있다.

번스타인은 어렸을 때부터 다양한 경험을 했던 유태인 집안의 수재였다. 하버드 대학에서 경영학을 전공했지만, 현대 음악에 관심이 많아 음악 평론 잡지에 글을 쓰는 등 음악 활동을 계속해 왔다. 18~19세기 음악에서 벗어나 불협화음, 무조 음악 등 새로운 시대의 음악에 대한 관심과 함께 '미국만의 새로운 음악'에 대한 열망도 생겼다. 그는 특별히 아론 코플랜드Aaron Copland, 1900-1990의 음악을 좋아했고, 그의 피아노 변주곡을 즐겨 연주했다. 또 코플랜드의 음악을 소재로 사용한 〈인종적 요소가 미국 음악에 끼친 영향〉이라는 음악에 관련한 졸업 논문을 썼다. 그는 논문에서 지역, 인종, 계급, 종교를 초월하여 하나로 묶는 '새롭고 중대한 미국 민족주의를 제시할 수 있는 새로운 유기적인 음악'을 제안했다. 국민들에게 어떤 방향성을 제시 할 수 있는 음악이 필요하다고 생각했던 것이다.

학부를 졸업하고 커티스 음악원Curtis Institute of Music에서 본격적으로 음악을 전공하게 된 빈스타인은 지휘, 작곡, 판

리허설 중인 번스타인.

현악법은 물론 피아노까지 공부했다. 특히 1976년 뉴욕 필하모닉 오케스트라New York Philharmonic Orchestra를 이끌고 로열 알버트 홀Royal Albert Hall에서 조지 거슈인George Gershwin, 1898-1937의 〈랩소디 인 블루Rhapsody in Blue〉를 지휘와 피아노 독주를 동시에 맡아 레코딩 할 정도로 피아노 실력도 뛰어났다. 그가 지휘자로 데뷔를 할 수 있었던 것은 1943년 브루노 발터Bruno Walter, 1876-1962의 대타로 무대에 서게 되었을 때였다. 하지만 50년대 중반, CBS 방송국의 음악 프로그램에 출연해서 뉴욕 필의 지휘를 맡으면서 본격적으로 인정받는 지휘자 반열에 들게 되었다.

그의 가장 뛰어난 업적은 미국의 폐쇄적인 엘리트 위주의 문화 속에서 소수의 선택된 자들만 즐기던 클래식 음악을 대중 앞으로 끌어내는데 앞장선 것이다. 번스타인의 '청소년 음악회 시리즈Young People's Concerts'는 CBS를 통해 미국 전역으로 방송되었으며, 그는 순수예술과 대중예술 모두를 아우르는 미국을 대표하는 지휘자로 발돋움 했다. 이후 번스타인의 청소년 음악회를 벤치마킹하여 많은 이들이 클래식 음악에 친숙해질 수 있는 '해설이 있는 음악회' 등이 기획되었다.

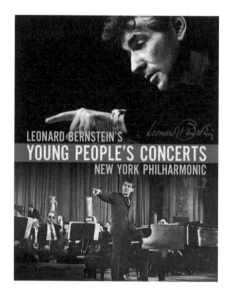

정소년을 위한 음악회 DVD 자켓.

클래식을 만난 붓다

번스타인은 다른 지휘자들과는 달리, 연습 시작 전에 단원들과 간단한 대화도 나누는 격의 없는 모습을 보였다. 특히 단원들의 대소사나 건강 등을 챙기면서 지휘자로서 단원들을 음악적 동료로서 그들을 대했다. 비엔나 신년음악회에 초청받아 비엔나 필과 요한 슈트라우스의 왈츠를 연주하게 되었을 때, 첫 비트만을 지휘하고 오케스트라의 관객석 앞으로 걸어 나온 일화는 너무도 유명하다. 왈츠의 본 고장 오스트리아 비엔나의 음악가들과 청중들이 본인보다 훨씬 더 음악을 잘 알 것이라는, 단원들과 청중에 대한 예의를 표현한 것이었다.

번스타인이 '청소년 음악회'에서 소개하고 코플랜드가 직접 지휘한 〈보통 사람들을 위한 팡파레Fanfare For The Common Man〉를 들어 본다. 훗날 코플랜드의 교향곡의 한 악장의 주제로 쓰이기도 했던 이 곡은 원래 2차 세계대전의 희생자들을 기리며 작곡되었다. 장엄한 관악기의 선율로 시작하는 이 팡파레가 초연 되었을 때 많은 사람들은 그 힘차고 강렬함에 반하게 되었다.

음악에 대한 진지한 접근과 사회 구성원으로서의 책임감, 다양하고 폭넓은 교육과 철학적 사고, 거기다 대중을 사로

잡는 세련된 화법과 친근한 이미지까지 가진 음악가였던 번스타인. 그의 연주와 활동은 기존의 딱딱한 클래식계의 분위기와는 거리가 멀었다. 대중에게 클래식을 알리고자 자기 자신을 내려놓는 제스처를 취한 유태인 집안의 엄친아가 20세기 미국을 대표하는 지휘자로 거듭나는 모습은, 명문가와 사회 지도층의 자제들이 일제히 출가를 하여 붓다의 제자가 되었던 일화와 붓다의 전도선언이 연상된다. '인간과 천신을 비롯한 모든 생명의 이익과 안락'을 위해 포교를 실천하고, 진리를 설할 때 반드시 알기 쉽고 간결하게 설명하고 뭇사람들에게 존경받는 행위를 당부하는 붓다의 전도선언을 떠올려본다.

포교

마누엘 드 파야
Manuel de Falla

〈불의 춤〉
〈Danse rituelle du feu〉

마누엘 드 파야Manuel de Falla, 1876-1946의 〈불의 춤Danse rituelle du feu〉을 들으면 상당히 이국적인 느낌을 받는다. 원래 안달루시아 지방의 전설을 줄거리로 하는 파야의 발레 음악 〈사랑은 마술사El Amor Brujo〉의 13곡 중 한 곡으로, 여러 악기에 의해 편곡되어 연주된다. 피아노곡으로 편곡된 이 작품은 특유의 호전적인 분위기로 불의 이미지가 극대화 되고 있다. 타오르는 불꽃이 형상화 된 긴 트릴trill로 시작하는 이 춤곡은 지속되는 불협화음과 옥타브, 하강하는 선율 등이 적절한 긴장감을 유지해 준다. 모호한 조성의 선율 또한 스페인 고유의 인상을 담고 있다. 스타카토로 반복되는 절제된 리듬은 강렬한 민속적인 색채를 타악기적 피아니즘으로 잘 표현하고 있다.

파야는 클로드 드뷔시Claude Achille Debussy, 1862-1918의 영향을 많이 받았다. 드뷔시는 인상주의 작곡가로 음악사적으로 모리스 라벨Maurice Ravel, 1875-1937과 함께 프랑스 음악사에서 독보적인 위치를 차지한다. 그는 1889년 파리 만국박람회에서 접한 인도네시아의 가믈란Gamelan 음악을 비롯하여 베트남, 중국, 마다가스카르의 이국적인 음악에 관심을 가지게 되었다.

1903년에 작곡된 〈판화Estampes〉의 첫 곡 〈탑Pagodes〉은 만국박람회를 경험한 드뷔시의 새로운 색채에 대한 갈망과 오리엔탈리즘이 가장 잘 표현된 곡이다. 이 곡에서는 기존의 음계와 화성적 구조를 찾기가 어렵다. 열린 5도의 화음으로 시작되며 5음음계pentatonic scale를 바탕으로 한 동양적 선율을 모방한 듯한 분위기의 주제가 등장한다.

후반부로 갈수록 선명한 음향과 정확한 리듬, 뚜렷한 악상이 강조되는 이 곡은 드뷔시가 상상으로 그려낸 동양의 탑이 묘사된 곡이다. 그는 파리 만국박람회에서 알게 된 동남아시아의 음악에 대한 인상을 바탕으로 버마의 황금빛 불탑을

작곡가　　클로드 드뷔시 *Claude Achille Debussy*

작품명　　〈판화〉 중 〈탑〉
　　　　　〈Pagodes〉 from 〈Estampes〉

칸사파 3형제와 그들의 제자 1,000명이 붓다에게 귀의한 일은 마가다국 일대에 큰 파문을 일으켰다. 기존의 영향력 있던 종교인들의 집단 이동으로, 무명에 가까웠던 붓다의 이름이 널리 알려지고, 전면에 나설 수 있는 기회가 되었다. 사진은 파키스탄 Lahore Museum에 소장되어 있는 칸사파 3형제의 귀의 장면을 새긴 부조상.   ⓒ유근자

그려냈다. 지속되는 6도의 첨가음과 생략된 3음, 4도와 5도의 병행 화음 위에 그려지는 5음음계의 선율은, 한 번도 여행해 보지 못한 곳의 경치와 건축, 춤 등을 묘사하기에 충분하다.

붓다는 전도선언을 한 뒤 우루웰라Uruvela, 붓다가야 인근 지역로 향했다. 그 곳에는 칸사파 3형제가 수많은 제자들을 거느리고 있었다. 그들은 불의 신을 섬기는 조로아스터교도의 바라문들이었다. 이들은 붓다를 만난 뒤 그에게 귀의하기로 마음먹었다. 우루웰라, 나디, 가야 세 형제는 각각 500명, 300명, 200명의 제자와 함께 붓다에게 귀의했다. 칸사파 3형제와 그

들의 제자 1,000명이 일시에 붓다에게 귀의한 일은 마가다국 일대에 큰 파문을 일으키게 되었다.

　　우리가 자주 접하는 클래식 음악, 특히 고전·낭만시대의 음악은 주로 독일, 오스트리아, 이탈리아 등 서유럽 일대의 작곡가들과 그 배경을 중심으로 작곡된 작품들이 대부분을 이룬다. 상대적으로 문화적 이질감을 주는 동유럽이나 이베리아 반도의 국가의 작곡가들은 19세기 후반부터 두각을 나타내기 시작했다. 그러나 사실 낭만주의 시대와 그 이전에도 서유럽 이외의 국가들의 민속적 색채가 담긴 작품들은 존재했었다.

　　요하네스 브람스Johannes Brahms, 1833-1897는 1850년대 헝가리의 바이올리니스트 에두아르드 레메니Eduard Remenyi, 1830-1898를 만난 것을 계기로 헝가리 춤곡에 관심을 가지게 되었다. 브람스는 '21개의 헝가리안 춤곡'에서 마자르Magyar지역을 떠돌다가 정착한 집시들의 민속 선율을 차용했다.

　　당시 독일의 웬만한 중산층 가정의 응접실에는 피아노가 있었고, 한 대의 피아노에서 두 명이 나란히 앉아 연주하는 것이 유행이었다. 이 작품집은 많은 독일 사람들의 사랑을 받았으며, 피아노뿐만 아니라 다양한 악기 편성으로 편곡되어

지금까지도 자주 연주되고 있다.

러시아를 대표하는 5인조 중의 한 명인 밀리 발라키레프Mily Alexeyevich Balakirev, 1837-1910 〈이슬라메이Islamey〉는 이슬람적인 동양풍의 환상곡이다. 그는 1869년 중앙아시아의 카프카스코카서스 지방을 여행하던 중 시르카시아의 왕자가 연주해준 민속 춤곡에 반해 그 선율을 중심으로 피아노 작품을 만들기로 결심했다. 보통 한 작품을 수년에 걸쳐 작곡했던 발라키레프는 이 곡을 겨우 한 달 정도에 작곡을 마쳤다. 발라키레프 자신이 뛰어난 피아니스트였고, 또 짧은 시간에 작곡했기 때문에 매우 기교적이고 난해한 부분이 많아 여러 교정본과 판본이 존재한다.

이 곡은 마치 프란츠 리스트Franz Liszt, 1811-1886의 피아노

발라키레프 〈이슬라메이〉 첫 8마디의 자필 악보.

악상을 그대로 가져다 놓은 듯한 인상을 준다. 곡의 시작부터 연타음과 3도, 4도의 연속되는 패시지 등으로 청중의 귀를 사로잡는다. 발라키레프는 크림반도의 타타르인들에게 널리 알려진 사랑의 노래 선율도 두 번째 주제로 넣었다. 소박하고 아름다운 느린 주제는 기교적이고 복잡한 첫 번째 주제와는 대조적인 아름다움을 보여준다. 첫 번째 주제의 화려한 변주가 다시 이어지고 마지막 부분인 코다 역시 격렬한 빠른 템포의 민속적인 색채를 주는 선율로 마무리된다. 이 화려하고 매력적인 작품은 여러 비르투오소virtuoso, 탁월한 기교를 가진 연주자들이 즐겨 연주하여 피아니스트의 테크닉을 자랑할 만한 레퍼토리로 사랑받게 되었다.

　　헝가리의 작곡가 벨라 바트록Bela Bartok, 1881-1945은 중앙

작곡가　요하네스 브람스 *Johannes Brahms*
작품명　헝가리 춤곡 1번
　　　　Hungarian Dance No.1

작곡가　밀리 발라키레프 *Mily Alexeyevich Balakirev*
작품명　〈이슬라메이〉
　　　　〈Islamey〉

　　　　　　　　　　　클래식을 만난 붓다

녹음된 민속음악을 축음기로 들으며
채보하는 벨라 바르톡.

유럽의 민요를 수집하고 연구했다. 농어촌에 남아있던 민요
수천 곡을 녹음하고 채보하여 체계적으로 분류했다. 졸탄 코
다이Zoltan Kodaly, 1882-1967와 더불어 헝가리의 음악의 개척자라
고 할 수 있는 그는 헝가리의 향토적인 소재들을 작품에 사용
하여 세계적인 명성을 얻었다. 또한 주변의 루마니아까지 눈
을 돌려 고유의 민속 음악을 찾고자 했다. 원래 헝가리 트란실
라바니아 지방의 일부였다가 루마니아 영토가 된 비할, 토론
탈 등의 지역의 민요와 춤곡을 수집하여 재탄생 시킨 작품이
바로 6개의 루마니아 포크댄스6 Rumanian Folk Dances이다. 이 짧
고 간결한 춤곡들은 각기 다른 개성과 분위기를 연출하고 있

다. 농부들의 즐거운 모습과 소박한 시골의 풍경, 또 보헤미안 적인 요소들을 담고 있는 이 춤곡들은 민속적인 성격이 강한 선율들이 자연스럽게 보편적인 피아니즘에 녹아들어간 대표적인 예로 볼 수 있다.

　　붓다가 캇사파 3형제와 그 제자들을 이끌고 마가다국 의 수도 라자가하에 도착하자 빔비사라 왕은 여러 바라문과 장자 등을 데리고 붓다를 맞이했다. 붓다가 수행을 하고 있었 을 때 빔비사라 왕과의 첫 만남에서 이야기 했던 것처럼, 그들 은 다시 만나게 된 것이다. 붓다에게 귀의한 빔비사라 왕은 붓 다와 제자들이 머물도록 대나무 숲을 기증하였다. 후에 이곳 에는 최초의 사원인 죽림정사가 건립되게 된다.

　　기존의 영향력 있던 종교인들의 집단적인 이동으로, 이전까지 무명에 가까웠던 붓다의 이름이 널리 알려지고, 전 면에 나설 수 있는 기회가 되었다. 캇사파 3형제의 귀의는 속 성이 다른 두 가지 음악적 요소들이 자연스럽게 흡수되거나

작곡가　**벨라 바트록** *Bela Bartok*
작품명　6개의 루마니아 포크 댄스
　　　　6 Rumanian Folk Dances

　　　　　　　　클래식을 만난 **붓다**

불의 신을 섬기는 조로아스터교도의 바라문인 캇사
파 3형제가 붓다를 만난 뒤 1,000명의 제자들과 함
께 붓다에게 귀의했다. 사진은 캇사파 3형제의 귀의
모습을 담고 있는 파키스탄 Lahore Museum에 소장
된 부조상.

융합된 클래식 음악의 작품들을 떠올리게 한다. 예술과 종교는 보편적인 감성과 진리, 그리고 아름다움을 공유한다. 모든 음악과 예술로 해석되고 표현될 수 있는 붓다의 생애를 다양한 피아니즘으로 재조명하는 기회가 되었으면 하는 바람이다.

13

비발디 〈조화의 영감〉

상수제자

안토니오 비발디
Antonio Vivaldi

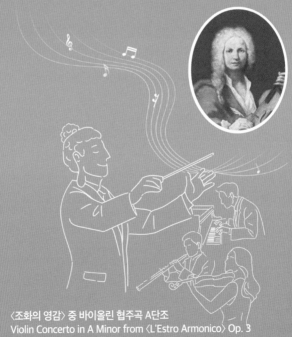

〈조화의 영감〉 중 바이올린 협주곡 A단조
Violin Concerto in A Minor from 〈L'Estro Armonico〉 Op. 3

깨달음을 얻은 붓다의 활동 무대는 주로 라자가하 일대였다. 당시에는 붓다 이외에도 영향력 있는 여러 종교지도자들이 활동하고 있었다. 그 중 산자야Sañjaya 문하에는 뛰어난 두 명의 수행승인 사리풋타Sariputta, 사리불와 목갈라나Moggallana, 목건련가 있었다. 사리풋타와 목갈라나는 누구든 먼저 불사의 경지에 이르면 서로 알려주기로 약속했다.

녹야원의 비구였던 앗사지Assaji를 만나게 된 사리풋타는 단정하고 여법한 그를 보고 감동하게 되었다. 그는 앗사지에게 "당신의 스승은 누구이며, 어떻게 가르치고 계십니까?"라고 물었다. 앗사지는 "석가족의 아들로 출가한 위대한 사문인 붓다가 있습니다. 나는 붓다에게 출가했습니다. 붓다는 모든 것에는 원인이 있으며, 여래는 그 원인과 소멸에 대해 설하십니다."라고 말했다. 그 말을 전해들은 사리풋타는 법안을 얻게 된다.

목갈라나에게 이 사실을 전한 사리풋타는 그와 함께 붓다의 제자가 되기를 권하였다. 목갈라나는 곧 250명의 수행자에게도 이 사실을 알리고 그들의 의향을 물었다. 그 당시 수행자들은 평소 사리풋타와 목갈라나를 존경하고 따르고 있었으므로 함께 붓다를 찾아가기로 했다. 산자야의 만류를 뿌리치고 그들 모두는 붓다의 제자가 되기로 결심했다.

바로크 시대는 몇 백년간 침체되어 있었던 서양음악사에 한 줄기 빛처럼 등장한 시기이다. 음악사에 있어서 대략적으로 17세기 초반부터 18세기 중반까지를 바로크 시대라고 부

1731년경 바이에른 지방의 '이즈마닝 성의 콘서트'. 하프시코드를 비롯한 바로크 시대 악기의 모습들이 보인다(P.J. Horemans, 1773).

클래식을 만난 붓다

른다. 바로크 음악은 절대주의 왕정으로부터 벗어나 합리주의적이고 계몽주의적인 사회로 변화되어 가는 예술사조 속에서 탄생했다. 또한 선율의 아름다움과 화성의 균형 등 음악 자체의 아름다움이 중요시되는 새로운 미학을 가지고 있었다.

안토니오 비발디Antonio Vivaldi, 1678-1741의 협주곡집 〈조화의 영감L'Estro Armonico〉 Op. 3 중 여섯 번째 곡인 바이올린 협주곡 A단조는 우리에게 매우 친숙한 작품이다. 뛰어난 바이올리니스트이기도 했던 비발디는 바이올린, 첼로를 포함한 다양한 편성으로 구성된 총 12개의 현악 협주곡협주 협주곡을 작곡하며 그의 제자들을 염두에 두기도 했다. 고전시대 이후의 협주곡

비발디 〈조화의 영감〉 악보 표지(1711).

에 비해 다소 규모는 작으나 충실한 구성으로, 바로크 시대의 음악의 모범이 되는 양식으로 꼽힌다. 그는 500여 곡의 기악곡을 작곡하며 협주곡의 안정화에 큰 힘을 기울였고, 후기 바로크의 거장인 바흐와 헨델에게도 큰 영향을 끼쳤다.

　　게오르그 헨델Georg Friedrich Händel, 1685-1759은 독일에서 태어나 대부분을 고향에서 머물렀던 동시대의 바흐와는 달리 함부르크, 피렌체를 거쳐 런던에 정착함으로서 영국을 대표하는 작곡가가 되었다. 전 장르에 걸쳐 방대한 작품을 남긴 그는 특히 오페라를 비롯한 무대 작품에서 국제적인 명성을 얻었다. 통주저음을 바탕으로 바로크적 협주 양식에 기반한 유려한 벨칸토bel canto, 아름답게 노래하는 가창법의 멜로디는 헨델의 음악을 대표하며, 독일의 내면적인 진중함과 특유의 간결하고 명쾌함을 지녔다.

　　오페라 〈리날도Rinaldo〉 중 〈울게 하소서Lascia ch'io pianga〉는 그의 대표적인 아리아로, 오페라의 배경과 줄거리와는 상관

작곡가　게오르그 헨델 *Georg Friedrich Händel*

작품명　오페라 〈리날도〉 중 〈울게 하소서〉
　　　　〈Lascia ch'io pianga〉 from 〈Rinaldo〉

클래식을 만난 붓다

없이 많은 이들의 가슴을 울리는 선율로 단독으로 자주 연주된다. 카운터테너 혹은 소프라노의 애절한 음색이 가사처럼 '잔인한 운명에 눈물 흘리고, 자유를 위해 한숨을 짓는 슬픔'을 느끼게 해준다.

프랑소와 쿠프랭François Couperin, 1668-1733은 프랑스 바로크 건반음악사에서 꼭 언급해야 할 작곡가이다. 쿠프랭은 참신하고도 다양한 방법으로 건반 악기 모음곡들을 배열하고 구성했다. 27개의 오르드르Ordre라는 모음곡 형식으로 묶여진 곡들은 우아하고 감성적이며, 때로는 복잡하고 과감한 표현들을 담고 있다. 쿠프랭의 건반 음악은 '섬세한 비르투오소virtuoso'가 무엇인지 명확하게 보여준다. 일명 '스틸 브리제style brisé, 깨어진 양식' 이라고 불리는, 분산화음의 미묘한 리듬의 부등성, 트릴, 서스펜션, 꾸밈음 등으로 섬세하게 표현되어지는 테크닉으로 프랑스적인 느낌을 나타내준다.

〈신비한 바리케이드Les Barricades Mysterieuses〉는 여섯 번째

작곡가   **프랑소와 쿠프랭** *François Couperin*
작품명   〈신비한 바리케이드〉
         〈Les Barricades Mysterieuses〉

모음곡에서 가장 잘 알려진 곡이다. 하프시코드프랑스어로는 '클라브생'이라고 부른다로 연주되는 이 아름답고 오묘한 곡은 제목처럼 신비한 느낌을 준다. 실제 쿠프랭이 '신비한 바리케이트'가 무엇인지 언급한 적은 없다. 후대의 사람들이 곡의 분위기를 바탕으로 다양하게 해석을 할 뿐이다. 어떤 이는 아름다운 여인에게 다가갈 수 없는 장벽이라고도 하고, 어떤 이는 시간과 공간과의 경계, 삶과 죽음의 경계의 모호함이라고도 말한다.

이탈리아의 작곡가 도메니코 스카를라티Domenico Scarlatti, 1685-1757는 무려 500여 곡의 피아노 소나타를 작곡했다. 여러 악장으로 이루어진 고전시대의 소나타와는 달리 짧은 2부분 형식binary form으로 이루어진 단악장의 소나타이다. 간결한 구성이지만 2개 이상의 주제를 가지고 있고, 화성 구조나 형식 면에서 이미 고전주의 소나타의 원형을 담고 있다는 점이 특징이다. 또한 3도, 6도의 연속 패시지, 연타음, 아르페지오, 양손의 교차 등의 여러 가지 기교를 담고 있어, 이탈

작곡가   **도메니코 스카를라티** *Domenico Scarlatti*
작품명   **소나타 D단조 K. 141**
          Sonata in D Minor, K. 141

         클래식을 만난 붓다

리아 건반 악기 역사에서 독보적인 위치를 차지하게 된다.

소나타 D단조 K. 141은 그 중에서도 상당히 난해한 곡이다. 시작부터 여섯 음의 강렬한 연타음과 양손의 교차, 아르페지오 등의 다양한 테크닉들을 총망라하고 있다. 현대의 악기인 피아노에서도 연주자들의 뛰어난 역량을 발휘하기에 좋은 작품으로 많은 피아니스트들의 사랑을 받고 있는 작품이다.

붓다는 사리풋타와 목갈라나, 그리고 그를 따르는 250명의 수행자들을 매우 반갑게 맞이했다. 그리고 사리풋타와

사리풋타는 대중의 신뢰와 존경을 받아 포교 활동에 힘을 썼으며, 목갈라나는 뛰어난 신통력으로 붓다의 설법을 방해하는 자들을 물리치거나 그들을 설득하는데 힘을 썼다. 사진은 경주 석굴암 내부의 사리풋타(사리불, 사진 왼쪽)와 목갈라나(목건련) 부조상.

목갈라나가 앞으로 뛰어나고 현명한 제자가 될 것임을 시사했다. 또한 장차 승가에서 중요한 역할을 하게 될 것이라고 예견했다. 그들은 후에 붓다의 10대 제자가 되었고, 교단의 안정과 발전에 지대한 영향을 끼쳤다. 사리풋타는 대중의 신뢰와 존경을 받아 주로 포교 활동에 힘을 썼으며, 붓다를 대신하여 설법하기도 했다. 목갈라나는 뛰어난 신통력으로 붓다의 설법을 방해하는 자들을 물리치거나 그들을 설득하는데 힘을 썼고, 마지막 순간까지도 붓다의 가르침을 전하고자 했다. 우리는 이들을 각각 '지혜제일 사리불 존자', '신통제일 목건련 존자'로 부른다.

고전, 낭만, 그리고 20세기 이후의 서양 클래식 음악의 흐름 속에서, 바로크 시대의 음악은 언제나 거울과 같은 존재로 자리한다. 여러 시대의 음악 안에서 바로크 음악의 산물을 만날 수 있다. 그만큼 바로크 음악의 존재감과 그 의미는 상당한 것이다. 마치 앞으로 올 시대를 암시하듯, 음악의 발전에 기틀을 마련한 바로크 시대의 음악을 붓다의 두 상수제자와 그들의 업적에 견주어 본다.

클래식을 만난 붓다

14

바흐 〈인벤션〉과 〈신포니아〉

위대한 유산

요한 세바스찬 바흐
Johann Sebastian Bach

〈인벤션〉과 〈신포니아〉
〈Invention〉 & 〈Sinfonia〉

스무 명의 자녀를 둔 요한 세바스찬 바흐Johann Sebastian Bach, 1685-1750는 상당히 책임감 있는 가장이었다. 첫 결혼에서 얻은 5남 2녀 중 장남 빌헬름 프리데만Wilhelm Friedemann, 1710-1784과 차남 칼 필립 엠마누엘Carl Philipp Emanuel, 1714-1788은 훌륭한 음악가로 자랐다. '함부르크의 바흐'라고 불리게 된 칼 필립 엠마누엘 바흐는 어린 시절을 회고하며 아버지에 대해 이렇게 이야기 했다.

> "항상 작품을 쓰는데 매진했던 아버지는 언제나 차분하고 화를 내는 법이 없었다. 집안은 항상 즐거움이 넘쳤다. 아버지가 목소리를 높이는 때는 우리가 공부를 게을리할 때 뿐이었다."

바흐의 두 번째 부인인 마리아 막달레나 역시 13명의

바흐와 그의 아들들(Balthasar Denner, 1730)

자녀를 낳았는데, 그 중 막내 요한 크리스찬Johann Christian. 1735-
1782은 훗날 '런던의 바흐'로 불릴 정도로 훌륭한 음악가가 되
었다.

　　'음악의 아버지' 바흐의 자녀들에 대한 바람은 즐겁게
음악을 공부하는 것뿐이었다. 적성에 맞게 악기를 잘 연주하
고, 노래를 잘 부르고, 작곡 공부를 하길 원했다. 그는 자녀들
의 교육 위해 〈인벤션Invention〉과 〈신포니아Sinfonia〉를 만들었
다. 인벤션은 발명, 악상, 착상 등의 뜻을 가지고 있는 라틴어
'인벤티오inventio'에서 유래했다. 각각 15곡으로 이루어진 이

곡집의 각 작품들은 바로크 시대의 대표적인 작곡 기법인 '대위법counterpoint'으로 쓰여 졌다. 대위법이란 주제 선율이 한 성부에서 등장하고 다른 성부에서 곧이어 모방하는 작법이다. 특히 2성 인벤션은 엄격한 대위법 양식인 캐논canon기법으로 작곡되었다.

〈인벤션〉과 〈신포니아〉는 1722년 작곡된 이래 오늘날까지 심도 있는 피아노 학습을 위한 필수적인 작품으로 여겨진다. 편의상 '2성 인벤션'과 '3성 인벤션'으로 불리는 이 30곡의 작품들은 모방 대위법을 가장 잘 보여주는 예시이며, 동시에 깊은 예술성도 담고 있다. 바흐는 자녀들이 기술을 연마함과 동시에 예술적인 '악상'을 유연하게 표현해 내기를 바랐다. 간결한 제시부와 긴 전개부를 가진 이 곡들은 형식적으로 고전시대를 예견하게 하는 소나타 형식의 조성 전개를 암시하고 있다. 특히 3성 인벤션인 〈신포니아〉는 조금 더 확장된 형태로 양손으로 세 개의 성부를 구현해 내며 심미적 구조를 담고 있는 바흐의 작품 중 빼 놓을 수 없는 푸가fuga의 형식을 보여준다.

숫도다나 왕은 아들이 최상의 깨달음을 얻은 붓다가 되어, 설법을 펼치고 있다는 소식을 들었다. 많은 이들에게 존

경과 찬탄을 받는 아들을 고국으로 불러 샤카족의 명예를 확
인하고 싶었다. 부왕은 여러 차례 라자가하로 사신을 보냈으
나 그들은 모두 붓다를 만난 뒤, 그를 따라 출가를 해버리고
말았다. 드디어 부왕은 싯닷타와 어린 시절을 함께 보냈던 깔

붓다의 카필라성 방문과 라훌라의 귀의 순간을 담은 인도
Archaeological Museum의 부조상.

클래식을 만난 붓다

루다이까지 라자가하로 보내어 붓다를 고국으로 초청하고자
했다. 그러나 왕의 명을 전하러 라자가하로 간 깔루다이 역시
붓다의 설법을 듣고는 출가하여 아라한이 되었다.

　　붓다는 출가한지 7년이 되던 해, 부왕의 뜻대로 모국
카필라왓투를 방문했다. 부왕은 그를 위해 성대한 법회를 마
련했고, 야소다라는 아들 라훌라를 데리고 참석했다. 꿈에도
그리던 남편의 모습을 본 야소다라는 라훌라에게 "저 분이 너
의 아버지이시다. 아버지께 너의 유산을 달라고 해보거라."라
고 말했다. 하지만 붓다에게는 아들에게 물려줄 재물은 없었
다. 세속적인 부나 재산은 또 하나의 고통과 같음을 통찰한 붓
다는 라훌라에게 일곱 가지 출세간의 보물을 물려주었다. 그
리고 사리풋타를 통하여 라훌라를 출가하게 하였다. 라훌라
가 아버지에게 받은 위대한 유산은 믿음, 계율, 양심, 부끄러
움, 다문, 보시, 지혜였다.

　　로베르트 슈만Robert Alexander Schumann, 1810-1856은 1848년

작곡가　　**로베르트 슈만** *Robert Alexander Schumann*
작품명　　〈어린이를 위한 앨범〉 Op. 68
　　　　　〈Album für die Jugend〉, Op. 68

사랑스러운 작품집을 남기게 된다. 〈어린이를 위한 앨범 Album für die Jugend〉 Op. 68은 우리에게 익숙한 선율의 〈즐거운 농부 Fröhlicher Landmann〉를 비롯한 43개의 어린이를 위한 연습곡으로 이루어져있다. 후반부에는 어린이를 빗댄 어른의 작품과도 같은 가곡들을 포함한 이 작품집은 슈만이 큰딸 마리의 일곱 번째 생일을 축하하면서 만든 작품집이다. 각각의 짧은 작품이 어린이의 순수한 감성을 담고 있고, 어린이들이 피아노를 연주할 때 알아야 할 여러 가지 테크닉도 담고 있다. 아버지가 된 슈만이 아이들에 대한 순수한 시선과 스스로의 성숙한 새로운 태도를 느낄 수 있다.

드뷔시와 그의 딸 엠마(1915).

클로드 드뷔시 Claude Achille Debussy, 1862-1918 는 1906년 한 살이 된 딸 엠마를 위해 작품을 만들기로 결심했다. '나의 사랑하는 슈슈에게'라는 헌정 글을 앞머리에 담은 여섯 개의 모음곡 〈어린이 차지 Children's Corner〉가 그것이다. 세번째 곡인 〈인형의 세레나데〈Serenade for the Doll〉를 먼저 작곡하고 난 후, 나머지 다섯 곡을 작곡했다. 슈만의 작품과는 달리 조금은 성숙한 또는 재능이 뛰어난 어린이를 위한 작품이라고 여겨질 정도의 수준의 작품집이다. 드뷔시는 이 곡집에 대하여 어린이의 시선으로 어린이에게 동화된 느낌으로 작곡했으며, 스스로 어린 시절의 오마주를 담고 있다고 밝혔다. 자신의 어릴 때의 기억이나 에피소드를 작품 속에 제목과 함께 담아 놓았다. 어른에게 오히려 더 친밀하고 직접적인 호소력 있는 음악으로 다가오는 이 작품집은 어린이들에게는 상상력과 흥미를 자극하는 음악적 요소들을 가지고 있다. 또한 드뷔시의 작품 중 가장 따뜻한 감성을 지니고 있으며, 특유의 재치와 유머러스한 면모도 담겨있다.

목갈라나는 라훌라의 머리를 깎고 가사를 입혀 주었고, 사리풋타는 라훌라를 보살피고 지도해 줄 스승이 되어 주었다. 수행자들은 모두 우물가로 모여 머리에 물을 뿌려주며

작곡가 **클로드 드뷔시** *Claude Achille Debussy*
작품명 〈어린이 차지〉
        〈Children's Corner〉

라훌라를 축복해주었다. 라훌라의 출가를 알게 된 부왕 숫도다나와 야소다라는 다시금 충격에 휩싸였다. 할아버지에게 머리를 깎고 자랑스럽게 발우를 들어 보이는 라훌라의 모습을 본 숫도다나는 쓰러지고 말았다. 왕위를 이을 라훌라까지 출가를 하고 말았으니, 숫도다나 왕의 슬픔은 이루 말 할 수 없었다. 이에 왕은 붓다에게 어린아이가 부모의 동의 없이 출가하는 것을 금지케 해달라는 청원을 하였고, 붓다는 이를 받아들여 부모의 동의 없이 어린아이가 출가하는 것을 금지하는 계율을 정하였다.

　　동서고금을 막론하고 아버지의 자식에 대한 사랑은 절대적이면서도 명료하다. 바흐, 슈만, 드뷔시. 그들은 각기 다른 시대의 작곡가이지만, 모두 자식들을 위해 특별한 작품들을 남겼다. 그들이 가진 가장 훌륭한 재능으로 가장 위대하고 소중한 유산을 남긴 것이다. 아버지와 같은 길을 걷게 된 아들 라훌라에게 가장 위대한 유산인 일곱 가지 보물을 남긴 붓다. 바흐의 '심오한 악상'과 슈만의 '성숙한 태도'와 드뷔시의 '따뜻한 시선'. 비록 그 상황과 과정은 모두 다르지만 세상의 모든 아버지가 자식에게 사랑으로 남긴 유산은 가장 훌륭하고 위대하지 않을까.

클래식을 만난 붓다

기원정사

프란츠 슈베르트
Franz Peter Schubert

〈바위 위의 목동〉 D. 965
〈Der Hirt auf dem Felsen〉, D. 965

바위 위에서 저 아래 골짜기를 향해 노래하네

골짜기의 메아리는 아득하게

멀리 멀리 계곡에 울려 퍼지네

내 목소리 더 멀리 울려 퍼질수록

저 아래로부터 또렷이 되돌아오네.

내 사랑은 너무 멀리 있어

그 곳의 그녀가 더욱 그립구나.

깊은 번민 속에 기쁨은 사라지고,

희망을 잃고, 외로움에 빠져든다.

노래는 숲을 울리며,

밤새 간절한 그리움으로 들려온다.

어느새 노래는 알 수 없는 황홀함으로

내 마음을 하늘로 이끌어 날갯짓 하게 하네.

기원정사

봄이 왔다.

나의 기쁨인 봄.

이제, 여행을 가야지.

　　프란츠 슈베르트Franz Peter Schubert, 1797-1828의 가곡 〈바
위 위의 목동Der Hirt auf dem Felsen〉은 독일의 대표적인 시인 뮐러
Wilhelm Müller, 1794-1827의 시에 클라리넷과 피아노의 반주를 붙
인 상당히 특이한 작품이다. 목가적 풍경과 어린 목동의 정취
가 잔잔하게 흐르는 이 예술가곡Lied은 슈베르트의 섬세함과
낭만성 그리고 시와 문학에 대한 이해가 빚어낸 최고의 작품
중 하나이다. 슈베르트는 담담하고 서정적인 피아노 선율과
아름다운 클라리넷 선율 위에 외롭고 고독하지만 의연한 목
동의 고백을 절묘하게 그려내고 있다.

슈베르트 예술가곡 〈바위 위의 목동〉의
자필악보.

　　　　　　　　　　　클래식을 만난 붓다

비슷한 시기에 작곡된 가곡 〈거처Aufenthalt〉는 슈베르트의 가곡집 〈백조의 노래Schwanengesang〉의 다섯 번째 곡으로 하인리히 렐슈타프Heinrich Friedrich Ludwig Rellstab, 1799-1860의 시에 곡을 붙인 노래이다. '방랑하는 고통의 인생을 살아왔지만 결국 내가 머무를 곳은 여행을 떠나기 시작했던 그 곳으로 돌아가는 것'이라는 메시지를 담고 있는 이 곡은 외로움과 고독의 또 다른 얼굴인 비장함으로 표현되고 있다.

물결 굽이치고 수풀 우거지고 우뚝 솟은 바위는 나의 처소

겹겹이 일렁이는 파도처럼 내 눈물은 끊임없이 흐르네

저 먹구름이 이는 것처럼 끊임없이 나의 가슴은 무너진다

저 아주 오래된 바위처럼 내 고통도 영원하리.

19세기에는 예술가곡의 발달이 두드러진 시기였다. 문학과 음악의 결합으로 대표되는 예술가곡은 시와 음악이 아

작곡가   **프란츠 슈베르트** *Franz Peter Schubert*

작품명   〈백조의 노래〉D. 957 중 〈거처〉
      〈Aufenthalt〉from 〈Schwanengesang〉, D. 957

름답게 어우러진다. 또한 이전 시대의 반주는 화성이나 리듬으로 독창을 보조하는 역할에 불과했지만, 예술가곡의 피아노 부분은 가사의 분위기와 느낌을 표현하고 회화적인 효과를 나타내며 능동적인 역할을 맡았다. 성악과 피아노가 아름답게 조화되는 예술가곡은 낭만주의 시대의 대표적인 장르로 자리하게 되었다.

붓다의 재가 제자가 된 수닷타 장자가 코살라국으로 돌아와 세운 기원정사의 모습을 담고 있는 인도 Indian Museum Bharhut Stupa의 부조상. ©유근자

클래식을 만난 붓다

코살라국의 신심있는 부유한 상인 수닷타는 평소에 가난한 사람들을 도와주는 것을 좋아하는 선한 사람이었다. 그는 '아나타핀디카Anāthapiṇḍika'라는 별명으로 널리 알려졌는데, 이는 '의지할 곳 없는 외로운 이들에게 먹을 것을 나눠주는 사람'이라는 뜻으로, 한자로는 '급고독給孤獨'이라고 한다. 그는 어느 날 마가다국의 처남의 집을 방문을 했을 때, 무엇인가 들뜬 기분으로 집안을 분주하게 오가는 것을 보고 그 이유를 물었다.

> "형님, 내일은 붓다께서 저희 집으로 오셔서 공양을 하십니다. 이얼마나 기쁜 일입니까. 붓다와 제자들에게 드릴 음식을 준비하고 있습니다."

붓다의 이름을 들은 수닷타 장자는 가슴이 벅차올랐다. 수닷타는 새벽녘까지 깊이 잠들지 못하고 깨어 있다가 더 이상 누워있지 못하고 밖으로 뛰쳐나갔다. 붓다를 만나기를 기대하고 서두른 덕분일까? 그는 어둠이 가시지 않은 새벽, 묘지 근처를 산책하던 붓다는 수닷타를 알아보고 그를 불렀다. 수닷타는 붓다가 자신의 이름을 불러준 것에 감격하고 붓다를 향해 머리를 조아렸다. 붓다는 수닷타에게 보시의 공덕과 청정한 생활 규범의 공덕 그리고 괴로움의 원인과 그 소멸을 위한 길에 대해 설법했다. 붓다를 친견한 뒤 '생사를 초월한 진리'를 깨닫게 된 수닷타는 환희심에 가득 차 붓다를 위해 거처를 만들어야겠다는 결심을 하게 된다.

> 그대 축복 받은 예술, 그 얼마나 자주 어두운 시간에
>
> 인생의 잔인한 현실이 나를 조여 올 때
>
> 그대는 나의 마음에 온화한 사랑의 불을 붙였고,
>
> 나를 더 나은 세상으로 인도하였던가!
>
> 한숨이 종종 너의 하프에서 흘러나왔고,
>
> 달콤하고 신성한 너의 화음은
>
> 보다 나은 시절의 천국을 나에게 열어주었지
>
> 그대 축복받은 예술, 이에 나는 그대에게 감사한다.

〈음악에An die Musik〉는 깔끔하고 간단한 멜로디와 피아노 반주를 지닌 슈베르트의 가장 훌륭한 예술가곡이다. 그의 친구 프란츠 폰 쇼버Franz von Schober, 1796-1882의 시에 곡을 붙인 이 곡은 슈베르트의 음악에 대한 사랑과 감사의 뜻이 가득 담

겨 있으며, 간결한 음악 속에 청년 슈베르트의 순박한 감정도 함께 하고 있다. 특히 가사가 끝나고 난 뒤의 피아노 후주는 노래의 여운을 남기며, 단순하지만 내면의 깊이를 지니고 있다. 슈베르트는 예술과 음악을 사랑하는 친구들과 평생을 교류해 왔고, 겸손하고 성실한 그의 성품을 사랑한 당대 최고의 재사ォ±들은 슈베르트를 지지하고 응원하는 '슈베르티아데Schubertiade'라는 모임을 만들었다. 예술에 대한 사랑, 음악에 대한 감사, 친구에 대한 변함없는 우정 등의 순수한 감정들은 그의 예술가곡을 통하여 표출될 수 있었다.

붓다의 재가 제자가 된 수닷타는 코살라국으로 돌아와 사왓티성 가까운 곳에 붓다가 머물 수 있는 곳을 물색했다. 수닷타는 당시 파세나디Pasenadi 왕의 아들 제타Jeta 태자가 소유한 동산이 가장 적합한 장소라고 생각하고 제타 태자에게 그 땅을 팔 수 있겠냐고 물었다. 제타 태자는 "이 동산을 황금으로 덮을 수 있다면, 그만큼의 땅을 드리겠다."고 했고 수닷타

작곡가　　**프란츠 슈베르트** *Franz Peter Schubert*
작품명　　〈음악에〉 D. 547
　　　　　〈An die Musik〉, D. 547

는 망설임 없이 황금을 실어 날랐다. 수닷타의 신심에 감동한 제타 태자는 수닷타에게 받은 황금으로 입구를 장식하는 문을 지었다. 기원정사는 이렇게 건립되었다.

기원정사는 사왓티에서 매우 가까운 곳에 자리하고 있었다. 붓다는 사찰은 사람들이 많은 마을과 멀지 않은 곳에 있어야 한다고 했다. 붓다와 그의 제자들은 매일 아침 마을을 돌

· 클래식을 만난 붓다

수 있었고, 신도들 역시 사찰을 방문하고 설법을 듣기가 편리했다. 한 장소에서 붓다와 출가자가 대중과 함께 오랜 시간 머물 수 있었고, 수행 생활의 관리를 통해 승가 공동체가 형성될 수 있었으며, 교육의 장소로도 활용되었다.

슈베르트는 평생 동안 600곡이 넘는 예술가곡을 작곡하며 낭만주의 시대의 문을 열었고, 예술가곡은 슈만, 브람스

수닷타 장자는 파세나디 왕의 아들인 제타 태자의 땅에 기원정사를 건립하여 붓다에게 기증하였다. 수닷타는 제타 태자의 땅에 황금을 깔아 원하는 만큼의 땅을 받을 수 있었다. 사진은 기원정사의 터이다.

슈베르트를 아끼고 사랑하는 지인들의 모임 '슈베르티아데'(Moritz von Schwind, 1868).

를 거쳐 볼프Hugo Wolf, 1860-1903에 이르기까지 그 명맥을 잇게
된다. 슈베르트는 그의 재능을 사랑하고 활동을 지지하는 모
임 속에서 순수한 그의 예술혼을 불태울 수 있었다. 붓다의 가
르침의 위대함을 칭송한 급고독장자給孤獨長者 수닷타의 기원정
사의 건립으로 붓다는 그곳에 가장 오래 머무르며 그 뜻을 펼
칠 수 있었고, 기원정사는 사왓티를 중심으로 불교가 오늘날
까지 긴 세월을 이어질 수 있도록 그 밑바탕이 되었다. 낭만주
의 시대의 초석이 된 슈베르트의 예술가곡의 음악이 주는 정
갈함과 가사의 깊은 뜻은 기원정사 건립의 의미를 되새기게
한다.

16

드뷔시 〈목신의 오후 전주곡〉

여성의 출가

클로드 드뷔시
Claude Achille Debussy

〈목신의 오후 전주곡〉
〈Prélude à l'après-midi d'un faune〉

19세기 중반 이후 프랑스 파리는 문화의 중심지가 되었다. 마테를링크Maurice Maeterlinck, 1862-1949, 보들레르Charles Pierre Baudelaire, 1821-1867, 랭보Jean Nicolas Arthur Rimbaud, 1854-1891 등의 문학 중심이 된 '상징주의' 문학은 직설 화법 보다는 암시를 통해 아이디어를 나타내고 독자로 하여금 상상력을 불러 일으켰다. 저변의 잠재의식과 내면적인 느낌, 인간의 심리 상태 등을 은유를 통해 표현하는 새로운 문학은 프랑스 문화의 새로운 부흥기를 열었다.

모호한 윤곽, 몽롱한 텍스처texture, 빛과 색의 유희로 대표되는 인상주의 화풍 역시 주목할 만한 문예사조였다. 마네Edouard Manet, 1832-1883, 모네Claude Monet, 1840-1926, 르누아르Auguste Renoir, 1841-1919 등의 화가들은 형태보다는 색채를 우선하는 즉각적이고 주관적인 인상을 담아냈다. 그들은 이전 시대와는 달리 눈에 비친 자연과 빛의 생동감 넘치는 모습을 자유롭게 표현했다.

클로드 드뷔시Claude Achille Debussy, 1862-1918는 당대의 문학가와 미술가들과 교류하는 '화요모임'을 만들었으며 그 결과 그만의 독특한 음악 어법을 탄생 시킬 수 있었다. 그의 가장 유명한 작품은 관현악 작품인 〈목신의 오후 전주곡Prélude à l'après midi d'un faune〉이다. 상징주의 시인 말라르메Stéphane Mallarmée, 1842-1898의 시에 바탕을 둔 내용을 담고 있는 이 작품은 매우 공상적이고 암시적이다. 나른한 여름날의 오후, 목신이 느끼는 알 수 없는 힘에 의한 관능적인 희열, 환상, 권태로움, 몽상 등이 펼쳐지며 고요함과 평온한 낮잠 등이 모호하게 전개 된다. 명료한 선율의 움직임 보다는 음색이 중심이 되는 화음과 뉘앙스를 표현하는 드뷔시만의 독특한 작법은 기존의 장·단음계를 기반으로 하는 전통적인 화성의 축을 무너뜨리는 획기적인 음악 어법이었다.

드뷔시는 바로크 시대 이후 고전주의와 낭만주의 시대에 정점을 이루었던 조성음악의 개념에 맞서는 새로운 음계를 만들었다. 일곱 개의 음이 각각 반음과 온음 간격으로 구성되어 있는 전통적인 장음계와 단음계는 각 음간의 위계질서가 있었다. 으뜸음, 딸림음, 이끈음 등 화성학적 틀 안에서 그 역할을 맡은 음들이 정해져 있었고, 반음으로 인해 곡의 시작과 종지를 나타낼 수 있었으며 안정된 3화음을 통해 악곡의 진행을 명확하게 할 수 있었다.

드뷔시는 3도 음정의 사용 대신, 4도 음정을 기본으로 한 화음의 사용을 바탕으로 사고의 전환을 거쳐, 여섯 개의 음으로 이루어진 '온음음계whole-tone scale'을 만들었다. 여섯 개의 음은 모두 온음 간격이었다. 즉, 장·단음계와는 달리 반음이 없기 때문에 온음음계는 반음에 의해 '끌어당기는' 느낌이 없었으므로 기존의 조성감은 가지고 있지 않았다. 온음음계의 모든 음들은 역할이 동등했고, 선율의 방향성이 뚜렷하지 않아, 시작과 끝이 모호한 분위기를 연출 할 수 있었다. 〈목신의 오후 전주곡〉에서 사용된 온음음계는 플루트를 중심으로 한 목관악기와 하프의 음색을 통해 상징주의적인 묘사를 가능하게 했다.

드뷔시는 바로크 시대의 모음곡suite의 첫 곡으로 주로 사용된 전주곡prelude을 하나의 독립된 기악곡으로 연주하는 낭만주의 시대의 분위기를 이어 나갔다. 쇼팽Frédéric François Chopin,1810-1849과 라흐마니노프Sergei Rachmaninov, 1873-1943에 이어

24개의 전주곡을 남겼다. 그의 전주곡 작품집의 곡들은 각각의 문학적인 성격의 제목을 가지고 있었다. 드뷔시는 이 곡들을 작곡한 뒤에 제목을 붙였으며, 반드시 곡의 말미에 제목을 넣어두기를 출판사에 요청했다. 이것은 암시적인 표현을 나타내는 것으로 곡이 끝난 후에야 수수께끼가 풀리는 듯한 기쁨을 누릴 수 있도록 연주자와 감상자에게 나름의 상상의 여지를 남겨두려는 뜻을 가지고 있었다. 드뷔시는 프렐류드 1집의 열 번째 곡인 〈가라앉은 사원La cathedrale englouti〉에서 특별히 중세 시대에 즐겨 사용되었던 선법mode을 썼다. 선법은 장·단음계 체제가 확립되기 이전의 음계의 역할을 했던 재료로 화성적으로 명확한 느낌이 적어, 드뷔시의 인상주의적인 분위기를 나타내는데 상당한 역할을 했다. 고대의 전설과 신화를 바탕으로 한 이 작품 역시 기존의 조성의 틀을 벗어나 새로운 뉘앙스를 담고 있다.

숫도다나 왕의 장례를 마치고 마하파자파티는 붓다를 찾아왔다. "그동안 선왕의 그늘에서 편안하게 지내왔습니다. 이제 저는 다른 이들처럼 출가를 하려고 합니다." 붓다는 "출가에 뜻을 두지 마십시오."라는 말로 출가를 허락하지 않았다. 마하파자파티는 상심하였지만 그와 뜻을 같이하는 사꺄족의 많은 여인들과 함께 웨살리로 향했다. 화려한 비단과 보석으로 치장을 해왔던 그들이었으나 모두 머리를 깎고 화장을 지우고 베옷을 입고 굳은 결심으로 동참했다. 먼 길을 걸어 웨살리에 도착한 그들은 귀족이라고 할 수 없을 정도의 처참한 몰골이었다. 아난다는 그들을 맞이하고 붓다에게 간청했다. 그러나 붓다는 여전히 그들의 출가를 허락하지 않았다.

아난다는 "만일 여성들이 출가하여 붓다의 계율과 가르침에 따라 수행하면 아라한과를 성취할 수 있겠습니까?" 하

첫 여성 출가는 숫도다나 왕의 장례를 마친 후 마하파자파티의 서원에서 출발했다. 당시 붓다는 거절했지만, 아난다의 간청으로 교단에 들어오는 것을 허락했다. 마하파자파티의 뒤를 이어 야소다라, 자나파다칼라니 등 수많은 사꺄족 여인들이 출가했다. 사진은 붓다의 설법을 듣고 있는 마하파자파티의 모습을 담고 있는 보로부두르의 벽면 부조상(사진 위)과 보로부두르 동쪽 벽에 조각된 비구니 승가의 모습을 담고 있는 부조상(사진 아래).

고 붓다께 여쭈었다. 붓다가 "그렇다."라고 대답하자 아난다는 "마하파자파티는 붓다를 정성껏 돌보신 분입니다. 만일 여자도 아라한이 될 수 있다면 그 첫 번째 기회를 그녀에게 주십시오."라고 간청했다. 붓다는 "아난다야, 마하파자파티가 비구를 공경하는 여덟가지 법을 받아들인다면 출가 수행자로 교단에 들어오는 것을 허락하겠다."라고 하며 여성의 출가를 허락했다. 마하파자파티의 뒤를 이어 야소다라와 난다의 아내 자나빠다깔랴니를 비롯해 수많은 사꺄족 여인들이 출가를 할 수 있었다.

여성의 지위가 남성에 비해 보잘 것 없었던 시대의 여성의 출가는 그야말로 획기적인 일이었다. 비구니는 비구를 공경하고 받들어야 한다는 내용을 중심으로 하는 '비구니 팔경법八敬法'은 겉으로는 여성이 남성에게 종속되어 있던 사회상을 반영한 것으로 생각 될 수 있다. 그러나 남성중심의 사회에서 여성도 남성처럼 사회에서 필요한 역할을 수행할 수 있도록 하나의 방편을 제시한 것으로 해석한다면, 불교야말로 이세상에서 가장 먼저 양성평등을 위해 노력한 종교임을 증명하는 것과 같다. 여성의 출가를 가능하게 한 비구니 팔경법은 보수적인 사회에서 문화적 배경과 사회적 관습을 벗어나지

클래식을 만난 붓다

않는 범위 내에서 '남성의 보호'라는 안전한 장치 아래 여성도 남성과 동등하게 수행하여 해탈에 이를 수 있음을 보여주는 상당히 훌륭한 일화임에 틀림이 없다.

　드뷔시는 오랜 기간 동안 당연하다고 여겨졌던 서양음악사의 조성 체계에 반하는 새로운 음계를 탄생시켜 20세기를 맞이하는 새로운 시대의 음악의 방향을 제시했다. 음계 안의 모든 음에 동등한 지위를 부여하여 새로운 음악을 설계하려는 시도는 큰 반향을 불러일으켰다. 또한 그의 젊은 시절 파리 만국 박람회에서의 경험이 가져다준 동양 문화에 대한 관심도 그의 작품세계를 다양하게 했다. 그의 영향을 받은 쇤베르크Arnold Schönberg, 1874-1951, 베르크Alban Berg, 1885-1935를 시작으로 펜데레츠키Krzysztof Penderecki, 1933-2020에 이르기까지 20세기의 클래식 음악은 그 변화의 폭이 광대해졌다.

　온음음계가 사용된 드뷔시의 음악을 감상할 때, 불가촉천민으로 인분을 나르던 니디에게도 출가를 권했던 붓다의

작곡가　클로드 드뷔시 *Claude Achille Debussy*
작품명　〈가라앉은 사원〉
　　　　〈La cathedrale englouti〉 from 12 Préludes Book Ⅰ

따뜻한 보호를 떠올려보면 어떨까. 신분, 재산, 지식이나 그가 가진 능력으로 사람을 대하지 않고 소외된 자들에게까지 차별 없는 가르침을 주고 싶었던 붓다의 깊은 뜻을 생각해 본다. 진흙 속에 감춰진 보석이 빛을 발할 수 있도록 지혜와 덕행을 우선하는 붓다의 보살핌이 비구니 승가를 형성할 수 있는 원동력이 되었다. 깊은 샘을 만들어 맑은 물이 고이게 하는 붓다의 세심한 배려가 전해진다.

17

슈만 〈그림 동화〉

중도

中道

로베르트 슈만
Robert Schumann

피아노와 비올라를 위한 〈그림 동화〉 Op. 113
〈Märchenbilder〉, Op. 113

바이올린과 첼로의 중간 음역을 지닌 비올라는 독특한 음색을 가진 악기이다. 바이올린이 화려한 '소프라노'라고 한다면 비올라는 따뜻하고 온화한 '알토'에 비유할 수 있을 것이다. 사람의 음성과 유사하다고 생각되는 첼로의 음색보다 조금은 어둡지만 침착하고 세련된 매력을 가졌다. 또한 비올라는 실내악이나 규모가 있는 관현악에서 중후한 첼로와 개성 강하고 다소 날카로운 바이올린의 중재자와 같은 역할을 도맡아 하고 있다.

로베르트 슈만Robert Alexander Schumann, 1810-1856의 피아노와 비올라를 위한 〈그림동화Märchenbilder〉 Op. 113은 잔잔하면서도 개성 있는 서정성이 돋보이는 곡이다. 원래 메르헨Märchen은 독일 낭만주의 문학의 한 장르로 이상하고 기묘한 환상적인 분위기의 이야기를 뜻한다. 전반적으로 따뜻하면서도 변화무쌍한 느낌을 가진 이 곡은 비올라 연주 문헌에서 빠지지 않는 작품으로, 슈만 특유의 상상력을 바탕으로 아름다운 환상의 세계를 묘사하고 있다.

소나콜리위사Sona Kolivisa는 온몸에 황금빛 털이 가득한 비구였다. 라자가하에서 붓다의 게송을 듣고 출가한 그는 원래 부유한 장자의 아들이었다. 그는 태어날 때부터 고귀한 대접을 받고 자랐으며, 한번도 맨땅을 밟아 보지 않았기에 발바닥에까지 털이 났다고 한다. 그는 어느 날 붓다의 설법을 듣고 그에게 반하여 큰 망설임 없이 출가를 결심했다. 밤낮으로 정

비나를 연주하는 사와스와티(서울 서초구 인도박물관 소장).

클래식을 만난 붓다

진했지만 수행의 결과를 얻기는 힘들었다. 그러나 그는 스스로 다짐했다.

"물러서지 말고 열심히 노력하자. 무엇이든지 실천하고 반드시 평안을 얻도록 하자."

시간이 지나도 속세의 미혹에서 벗어나지 못할 것 같은 생각이 들자 소나콜리위사는 환속을 생각하게 되었다.

"나는 아무런 소득도 없이 헛된 수행만 거듭하고 있다. 수행의 결과를 기다리기 보다는 차라리 집으로 돌아가 세속생활에 만족하며 생활하는 것이 낫겠다. 차라리 가난한 사람들에게 널리 보시하고 공덕을 쌓는 것이 좋지 않을까?"

그의 생각을 알아차린 붓다는 직접 소나콜리위사를 불렀다. 그는 붓다에게 여쭈었다.

"저는 출가자의 수행생활을 잘 모르는 채로 설법을 듣고 기쁜 마음에 무턱대고 출가하게 되었습니다. 수행 생활도 어렵고 힘든

데다가 아무리 정진하려 해도 뜻대로 되지 않고 고통스럽기만

합니다. 어찌해야 하겠습니까?"

붓다는 소나콜리위사에게 물었다.

"그대는 집에 있을 때 비나Veena, 인도의 전통악기를 잘 연주했다고 하

　는데 사실인가?"

"예 그렇습니다."

"악기를 연주할 때 현을 너무 팽팽하게 조이면 소리가 어떠한

　가?"

"듣기 좋지 않습니다."

"그러면 현이 지나치게 느슨하면 듣기가 어떤가?"

"그것 역시 좋지 않습니다. 악기를 연주할 때 현의 완급을 적당하

　게 하지 않으면 좋은 소리가 나지 않습니다."

"그러하다. 진리의 길을 걷는 것도 마찬가지다. 의욕이 지나쳐 너

　무 급하면 초조한 마음이 생기고 열심히 하려는 노력이 없으면

　태만해진다. 그러니 극단적으로 생각하지 말고 항상 가운데 길

　로 걸어가야 한다. 그러면 머지않아 속세의 미혹을 벗어나게 될

　것이다."

클래식을 만난 붓다

악기의 장력과 조율에 관한 비유는 매우 이색적이다. 경전에 악기가 간접적으로 등장하는 것은 상당히 주목할 만한 일인데, 특히 비나의 예를 든 것은 느슨하지도 팽팽하지도 않은 적당한 현의 조율 뿐 아니라 악기의 특유의 음색까지 고려한 것이 아닌가 하는 느낌도 든다.

비나는 류트족의 악기로 주로 네 줄로 되어 있으며, 줄을 튕겨 연주한다. 또한 고대 인도에서부터 전해져 내려오는 악기 중 '신성'의 상징이며, 악기의 여왕이라는 별칭을 가지고 있다. 또한 예술가에게 많은 칭송을 받는 악기이기도 하다. 국내의 많은 문헌에서는 '거문고 줄의 비유'로 소개하고 있다. 현존하는 인도의 현악기는 시타르Sitar, 사랑기Sarangi, 탐부라Tambura 등인데 그 중 비나의 음색이 가장 과장되지 않고 온화하다.

그리스·로마신화에서 음악의 신 아폴론이 항상 지니고 다녔던 악기는 하프의 기원이라고 할 수 있는 리라lyre이다. 또

작곡가   게오르그 헨델 *Georg Friedrich Händel*
작품명   하프 협주곡 Bb장조 HWV 294
         Harp Concerto in Bb Major, HWV 294

한 중세 시대의 음유시인들이 많이 연주했던 악기도 하프의 전신이 된다. 이렇듯 동서양 모두에서 자연스러운 맑은 음색을 자랑하는 발현악기는 일맥상통하는 점이 있다.

게오르그 헨델Georg Friedrich Händel, 1685-1759의 하프 협주곡 B♭장조 HWV 294는 하프를 위한 협주곡 중 가장 널리 알려진 작품이다. 전체적으로 하프의 맑고 깨끗한 음색이 돋보이는 곡으로 많은 애호가들의 사랑을 받고 있다. 47개의 현에서 그려지는 우아하고도 사랑스러운 하프의 선율은 소박하지만 인상적이며 부드러운 호소력을 지니고 있다. 헨델의 음악은 대부분 자연스러운 아름다움을 담고 있는데, 특히 하프 협주곡의 첫 악장은 전반적으로 강렬한 악상보다는 순수한 음색 자체에 무게를 두고 있다.

'중도中道'의 가르침과 가장 어울리는 음색을 가진 악기는 단연 첼로라고 할 수 있다. 화려함 보다는 포용력이 있는 깊은 음색을 지닌 첼로는 바로크 시대까지 악기의 모양과 크

작곡가　**루드비히 반 베토벤** *Ludwig van Beethoven*

작품명　**첼로와 피아노를 위한 소나타 3번 A장조 Op. 69**
　　　　Sonata for Cello and Piano No.3 in A Major, Op. 69

기가 계속 변해오면서 고음 현악기들을 지탱해 주는 역할을 맡아왔다. 루드비히 반 베토벤Ludwig van Beethoven, 1770-1827은 다섯 개의 첼로 소나타를 작곡했다. 실내악과 관현악에서 '조용히 저음을 연주'했던 첼로라는 악기에게 피아노와 함께하는 독주 악기로서의 자격을 부여한 획기적인 일이었다.

　　베토벤의 첼로와 피아노를 위한 소나타 3번 A장조 Op. 69는 첼로 독주곡의 원숙미를 가지고 있는 작품으로 '첼로 소나타' 라는 장르의 대표적인 곡이다. 도입부의 첼로 독주 선율은 첼로의 진지한 음색과 질감을 연구하고자 한 베토벤의 의지를 엿볼 수 있다. 이 곡은 첼로와 피아노를 위한 확장된 형식의 표본이 되었고, 후대 작곡가들에게 많은 영감을 주었다. 가볍고 화려한 패시지와 중후하고 견고한 패시지가 교차되며 첼로의 음색을 잘 나타내 주고 있는 이 작품의 마지막 악장의 우아하고 세련된 선율은 특히 감동적이다.

베토벤 첼로와 피아노를 위한 소나타 A장조 Op. 69의 자필악보.

지나치게 느슨한 태도나 필요 이상으로 조급한 마음은 장애가 되므로 알맞게 중도를 취해야 한다는 붓다의 가르침은 소나콜리위사가 스스로 독려하며 깨달을 수 있는 계기가 되었다. 출가 전 즐겨 다루었던 악기에 관한 비유의 일화는 출가자와 재가자 모두에게 큰 지혜를 전한다. 길고 뜨거운 여름을 보내고 차가운 바람을 맞이하는 때, 침착하고 따뜻한 비올라, 자연스러운 아름다움을 지닌 하프, 중후하고도 포용력 있는 음색을 지닌 첼로의 선율을 감상하며 스스로에게 맞는 수행을 생각해보는 계기가 되었으면 한다.

반역

리하르트 바그너
Richard Wagner

사꺄족의 일원이었던 데와닷타Devadatta는 카필라왓투를 방문한 붓다의 설법을 듣고 밧디야, 아누룻다, 아난다 등의 여러 왕자들과 함께 출가하게 되었다. 붓다의 사촌, 또는 야소다라의 남동생이라고 전해지는 그는 출가 후 신통력과 위력을 갖춰 많은 사람들이 따랐다. 두뇌가 명석하고 언변도 뛰어났으며 사교성까지 있었던 그의 주위에는 항상 권력과 재물을 가진 자들이 모여들었다.

라자가하의 죽림정사에서 그 명성을 더해갔던 데와닷타는 빔비사라 왕의 아들인 아자타삿투Ajatasattu의 스승이 되었고 그 위세는 점점 더 커져만 갔다. 데와닷타의 추종자가 된 아자타삿투는 그를 위해 매일같이 공양물을 올렸다. 원래 승가의 물품은 그 구성원이 모두 나누어 가지는 것이 계율이었으나, 데와닷타는 자신을 따르는 사람들에게만 공급하였다.

자연스레 그를 따르는 무리는 늘어만 갔고 그들은 맹목적으로 데와닷타를 추종하게 되었다. 붓다는 데와닷타와 그를 따르는 무리들을 부러워하는 비구들에게 권력과 명예에 대해 경고하기도 했다.

> "감당하기 어려운 공양과 명성은 좋은 공덕을 무너뜨리는 것이 된다."

리하르트 바그너Richard Wagner, 1813-1883는 독일 낭만주의 오페라의 대표적인 작곡가이다. 그는 대표작인 〈탄호이저Tannhäuser〉와 〈로엔그린Lohengrin〉에서 고대 전설과 신화를 소재로 하여 직접 대본을 쓰고 음악적 연속성을 강조하는 등, 그만의 개성 넘치는 악극을 구축했다. 특히 〈니벨룽엔의 반지Der Ring des Nibelungen〉는 〈라인의 황금〉, 〈발퀴레〉, 〈지그프리트〉, 〈신들의 황혼〉의 4개의 연작극으로 바그너의 연속성의 기술이 최대한으로 발휘된 대작이다.

두 번째 작품인 〈발퀴레Die Walküre〉 중 〈발퀴레의 비행Der Ritt der Walküre〉은 바그너의 작품 중 가장 인상적인 작품으로 손꼽힌다. 발퀴레는 북유럽 신화에 등장하는 여신이다. 전쟁에서 숨진 전사들의 영혼을 신들의 우두머리인 오딘에게 데리고 가는 역할을 하는 그녀의 모습이 호전적으로 묘사된 이 곡은 바그너의 음악적 성격이 잘 스며들어 있다. 발퀴레의 모습은 관악기의 트레몰로와 현악기의 빠른 패시지, 호른과 바순을 필두로 이어지는 붓점으로 표현된다. 이 악상은 앞으로 다가올 전쟁을 위해 전사자들의 영혼을 모으는 오딘에게 날개 달린 말을 타고 분주하게 하늘을 오르내리는 발퀴레를 다소 탐욕스러운 긴장감으로 느껴지게 한다.

이 곡은 영화 〈지옥의 묵시록Apocalypes Now, 1979〉에도 삽입되었다. 베트남 전쟁을 소재로 한 영화의 전투신에서 배경음악으로 사용된 이 곡은 전투기에서 난사되는 총알들이 빗줄기처럼 쏟아지는 장면을 더욱더 효과적으로 만든다. 전쟁의 잔혹함과 인간의 무감각한 잔인성이 전쟁을 대비하는 오딘에게 수많은 영혼을 배달하는 〈발퀴레의 비행〉과 잘 어울린다. 실현되지 못한 인간의 열망과 탐욕의 표현 같다는 생각도 든다.

데와닷타는 권력의 힘을 맛본 뒤 겸손함을 잃었다. 설법을 하는 붓다에게 모두가 보는 앞에서 교단의 통솔권을 달라고 했고, 제자인 아자타삿투로 하여금 아버지 빔비사라 왕을 배신하도록 부추기기도 했다. 데와닷타는 아자타삿투에게 부탁하여 활 쏘는 이들로 하여금 붓다를 살해할 계획까지 세웠다. 그러나 암살자들이 붓다의 인격에 감동하여 출가를 결심해 그 계획은 수포로 돌아갔다. 데와닷타는 직접 행동하기로 마음을 먹고 붓다가 지나는 길에 큰 바위를 굴려 붓다의 발에 상처를 입히기도 하였다.

데와닷타는 암살자를 고용하고 바위를 굴리고 코끼리를 폭주시키는 등 붓다를 살해하기 위해 음모를 꾸미지만 모두 수포로 돌아간다. 사진은 데와닷타의 계략으로 폭주된 코끼리를 진정시키고 있는 붓다의 모습을 담고 있는 파키스탄 Dir Museum의 부조상.   © 유근자

클래식을 만난 붓다

아자타삿투는 데와닷타를 위해 전쟁터에 나가는 코끼리인 날라기리Nalagiri에게 술을 먹여 탁발 나온 붓다에게 돌진하게 만들 계획을 하게 된다. 성문 앞에 풀어 놓은 포악해진 코끼리는 비구들의 행렬을 보고 난폭하게 괴성을 지르며 달려왔으나 붓다를 보고 갑자기 온순해졌다. 코끼리마저 붓다의 인격에 감화를 받았던 것이다. 얌전해진 날라기리는 천천

히 귀를 흔들며 붓다 앞에 무릎을 꿇었고, 붓다는 날라기리의 미간을 쓰다듬었다. 이 광경을 본 사람들은 환호를 하였다.

1812년 모스크바에서 퇴각하는 나폴레옹과 프랑스군(Adolph Northern, 1851).

표트르 일리치 차이코프스키Piotr Ilyitch Tchaikovsky, 1840-1893는 가장 러시아적인 작곡가이다. 그의 작품은 특유의 러시아적 색채를 띠고 있으며, 깊은 절망부터 최고의 기쁨에 이르기까지 매우 폭넓은 감정의 폭을 담고 있어 짙은 감동을 준다. 서곡 〈1812년〉은 1882년에 모스크바에서 개최된 박람회를 기념하여 위촉된 곡으로 나폴레옹Napoléon I, 1769-1821이 러시아의 혹독한 추위에 무릎을 꿇은 이야기를 줄거리로 하고 있다.

러시아 정교 성가의 선율로 시작하는 이 곡의 첫 부분은 비올라와 첼로가 고요하고도 장엄한 분위기를 연출한다. 점점 긴장감을 더해가며 맞이하는 두 번째 부분은 오보에, 클라리넷, 그리고 호른이 연주하는 러시아 군대의 출정을 나타

클래식을 만난 붓다

내는 부분이다. 급격히 등장한 빠른 템포의 선율은 프랑스 군대의 침공을 나타낸다. 곧이어 프랑스 국가인 〈라 마르세예즈 La Marseillaise〉의 선율이 등장한다. 이 선율은 처음에는 금관악기 위주로 진행되고 뒤로 갈수록 단편적 선율로 변화한다.

러시아 민요의 선율이 흐르고 러시아군과 프랑스군의 격렬한 전투가 각각의 선율의 교차로서 묘사되고, 앞서 등장한 러시아적인 선율들이 반복되며 복잡한 전개를 보여준다. 마지막 부분에서는 경쾌하고 씩씩한 행진곡 풍의 러시아 선율이 흐르고, 〈라 마르세예즈〉의 선율이 등장하자마자 사라지는 악상을 보여주며 나폴레옹이 이끄는 프랑스 군대의 패배를 암시한다. 전 세계를 지배할 것만 같았던 프랑스 군대가 1812년 10월, 러시아의 매서운 추위와 지형을 이기지 못하고 퇴각했던 역사가 음악 전체에 녹아들어가 있다. 러시아군의 승리를 알리는 행진곡과 교회의 종소리, 그리고 대포와 함께하는 제정 러시아 국가가 연주되며 곡은 마무리 된다.

작곡가 표트르 일리치 차이코프스키 *Piotr Ilyitch Tchaikovsky*
작품명 서곡 〈1812년〉
       Overture 〈1812〉

데와닷타는 결국 모든 시도가 실패하고, 출가자들의 5법에 대한 주장이 받아들여지지 않자, 마지막으로 자신을 추종하는 무리들을 이끌고 승가를 분열시키려는 시도를 하게 된다. 명예와 권력의 힘에 눈이 먼 데와닷타의 반역은 결국 실패로 돌아간다. 뒤늦은 참회도 소용없게 된다.

음악은 문학과 같이 음악적 문법의 원리와 수사학적 효과에 대한 법칙을 가지고 있다. 말이나 그림 또는 글로도 표현되지 않는 것을 나름의 논리로 풀어가고 있는 것이다. 음악의 사회적 맥락과 구조적 언어를 이해할 때 더 온전한 음악을 감상할 수 있을 것이다. 바그너와 차이코프스키의 작품을 들으며 어리석은 욕망과 탐욕에 대해 다시 한 번 생각해 보는 기회가 되었으면 좋겠다.

19

쇼팽 폴로네이즈

모두를 위한 설법

프레데릭 쇼팽
Frederic Chopin

폴로네이즈 F#단조 Op. 44
Polonaise in F# Minor, Op. 44

19세기는 서구 사회에 큰 변화의 물결이 넘치던 시기였다. 근대적 산업화의 초석, 정치적 사회적 변동과 더불어 예술에 있어서도 주체성과 내면의 감정이라는 새로운 관심사가 대두되었다. 음악 양식으로서의 낭만주의는 19세기 초부터 20세기의 시작까지를 아우른다. 19세기 예술 중 가장 낭만성이 짙은 예술 장르는 단연 음악이었다. 자연, 이국적 풍경, 개인의 의식과 민족주의적 감정들에 기반을 둔 낭만주의 음악은 상당히 매혹적이었다. 낭만주의는 영어의 '로맨티시즘romanticism'을 한자로 번역한 것이다. 음악은 낭만주의를 표현하기 위한 가장 완벽한 수단이었다. 독일의 작가이자 평론가인 E.T.A. 호프만Ernst Theodor Amadeus Hoffmann, 1776-1822은 "그 주제의 무한성 때문에 음악이 모든 예술 중 가장 낭만주의적이다."라고 했다.

미국 독립 전쟁1775과 프랑스 혁명1789을 거치면서 형성된 도시의 중산층은 산업화된 사회에서 부르주아 시민계급이 되어 예술을 향유할 수 있는 계층이 되었다. 19세기의 대중은 다른 예술 보다 음악에 관한 관심이 증폭되었다. 많은 도시에 연주회장이 건설되고, 도시 관현악단이 생기기 시작했다. 산업화와 기술의 발전으로 피아노의 대량 생산이 가능해졌으며, 대부분의 중산층 가정의 응접실에는 피아노가 자리하게 되었다. 한정된 관객과 연주자들만의 음악이 모두를 위한 음악으로 변모되는 시기가 바로 낭만주의 시대였다.

붓다의 설법을 듣기 위해 사왓티 기원정사에 모인 대중의 모습을 새긴 부조상(산치 제1탑, 북문 문기둥).

클래식을 만난 붓다

붓다가 죽림정사로 가던 어느 날이었다. 숲에서 잠시 쉬고 있던 붓다는 미친 사람처럼 옷매무새가 헝클어져 울고 있는 여인을 만났다. 남편과 3대 독자인 아들까지 잃어 비통함을 참을 수 없는 그녀의 이름은 키사고타미Kisāgotami였다.

"거룩하신 붓다여, 저는 남편과 아들을 잃고 삶의 희망을 잃었습니다. 제발 저의 남편과 아이 중 한 명이라도 꼭 살려주십시오."

이미 품에서 숨을 거둔 아이를 놓지 못하고 울부짖는 키사고타미에게 붓다는 한 가지 제안을 했다.

"이 아이를 꼭 살리고 싶으면 이 길로 마을로 내려가서, 사람이 한 번도 죽어 나간 적이 없는 집을 찾아 그 집에서 겨자씨 세 알을 얻어오너라."

키사고타미는 붓다의 말에 서둘러 마을로 내려가, 집을 가리지 않고 방문해 겨자씨를 얻으려 했다. 그러나 그녀가 찾아간 집 중, 상을 치르지 않은 집은 단 한 집도 없었다. 절망에 쌓여 돌아온 키사고타미에게 붓다가 물었다.

"겨자씨를 구해왔느냐."

"붓다여, 저는 오늘 큰 깨달음을 얻었습니다. 세상에 사랑하는 자
를 잃지 않은 사람은 없습니다. 죽은 아들을 살리려고 한 저의
어리석음을 알게 되었습니다."

붓다는 키사고타미에게 말했다.

"목숨을 가진 중생이면 누구나 할 것 없이 모두가 반드시 꼭 겪어
야만 하는 일이다. 나고 늙고 병들어 죽는 괴로움을 벗어나면 행
복하게 살아가는 법을 깨달을 수 있다."

붓다의 말을 듣고 마음의 평화를 얻은 키사고타미는
붓다의 제자가 되었다. 붓다는 이렇듯 스스로 체험하고 깨달
은 것을 그 상황에 맞게 그 근기에 따라 가르치고 설법하였다.

19세기 유럽의 도시 중산층은 음악의 거대한 청중일
뿐 아니라 가정에서 노래와 실내악 그리고 피아노 연주 등을
하는 '음악 소비자'였다. 각 가정에서는 저녁마다 가곡 연주회
나 아마추어 피아니스트들의 연주회가 열렸다. 피아노는 그
자체로 친밀감이 있을 뿐 아니라 악기 하나로 무한한 드라마

클래식을 만난 붓다

를 만들어 낼 수 있는 악기였다. 개인 연주자의 뛰어난 역량을 발휘하기에 좋은 피아노는 19세기의 개인의 감정의 표현을 중요시 하는 낭만주의 시대의 분위기와 어울려 많은 작곡가들과 청중이 선호하는 악기였다. 피아니스트의 뛰어난 연주 실력을 발휘할 수 있는 대규모의 작품과 섬세하고 아기자기한 소품들이 공존했다.

프레데릭 쇼팽Frederic Chopin. 1810-1849은 프랑스인 아버지와 폴란드인 어머니 사이에서 태어난 낭만주의의 대표적인 작곡가이다. 대부분 피아노곡을 작곡하는데 일생을 바친 쇼팽의 모든 작품 중 가장 먼저 인기를 끈 장르는 왈츠였다. 작은 주제가 빛나는 클라이맥스를 향해 반복되는 형태의 왈츠는 연주회장은 물론이고 소규모 연주회장이나 살롱 음악회에

작곡가　프레데릭 쇼팽 *Frederic Chopin*

작품명　왈츠 F장조 Op. 34, No.3
　　　　Waltz in F Major, Op. 34, No.3

작곡가　프레데릭 쇼팽 *Frederic Chopin*

작품명　왈츠 Ab장조 Op. 42
　　　　Waltz in Ab Major, Op. 42

적합한 장르였다. Op. 34의 세 개의 왈츠는 쇼팽의 진지함, 사려 깊음, 발랄한 음악성을 고루 담고 있는 작품이다. 또한 A♭ 장조 Op. 42는 가장 긴 작품으로 쇼팽의 왈츠 중 최고의 걸작으로 손꼽힌다.

'녹턴' 또한 쇼팽의 개성이 잘 드러나는 장르였다. 두 개의 악상이 교차되어 나오는 작곡법을 좋아했던 쇼팽의 후기의 녹턴 Op. 62의 두 곡은 조용한 사색에 잠기는 듯한 곡으로 살롱 음악회에 적합한 분위기를 가지고 있다. 두 곡 모두 농익은 화성의 표현이 돋보이며, 특히 첫 번째 곡은 병약하지만 음악에 대한 영감만은 끊임없이 샘솟던 쇼팽의 모습이 담겨있는 듯 하다.

쇼팽은 폴란드를 떠나 프랑스 파리에 거주하며 음악 활동을 펼쳐나갔지만, 항상 마음 한쪽에는 고국에 대한 그리움이 자리하고 있었다. 특히 폴로네이즈 F#단조 Op. 44는 쇼팽의 향수와 감동을 담기에 가장 적합했던 대작이다.

작곡가　프레데릭 쇼팽 *Frederic Chopin*
작품명　녹턴 B단조 Op. 62 No.1
　　　　Nocturne in B Minor, Op. 62 No.1

클래식을 만난 붓다

라드치빌트 공작의 살롱에서 피아노를 연주하는 쇼팽(Henryk Siemiradzki, 1887).

화성적인 짜임새가 두텁고, 음역이 광범위하며 전체적으로 화려한 이 곡은 가장 독창적이고 정열적인 작품 중 하나이다. 조국 폴란드의 위대함을 영웅적이고 기사적인 모습으로 폴로네이즈polonaise에 담고자 했던 그는 느린 중간 부분에 마주르카mazurka를 삽입했다. 귀족의 춤이었던 폴로네이즈와는 상반된, 소박한 농민의 춤곡인 마주르카는 겉으로 드러나지 않는 민족적인 정서를 담기에 충분했다. 쇼팽은 완벽한 조국 폴란드의 모습을 표현하고자 했고, 음악을 통한 민족주의를 실현시켰다. 모두를 위한 음악이었던 것이다.

붓다는 모든 사람들에게 차별 없이 법을 설하였다. 적

붓다는 중도의 내용으로 팔정도를 설하고 사성제와 오온무아의 가르
침으로 다섯 수행자를 깨달음으로 인도했다. 이것을 초전법륜이라고
한다. 사진은 '초전법륜' 부조상.

클래식을 만난 붓다

절한 비유와 직면한 상황에 따라 상대방의 수준에 맞춘 붓다의 설법은 논리적이고 간결하여 슬기로운 자들은 누구나 쉽게 알아듣고 실천할 수 있었다. 이론과 논리를 좋아하는 말룽끼야뿟따라는 청년은 우주의 시초, 사후세계 등 쉽게 설명되지 않는 것들에 대해 완전히 알기 전에는 수행하지 않겠다고 강변했다. 붓다는 지적인 호기심을 채우고자 하는 형이상학적인 것에 대한 질문에 대해서는 답하지 않는 대신 '독화살의 비유'를 들어 이론에 앞선 실천의 중요성을 역설했다.

고전주의 시대를 거쳐 낭만주의 시대에는 수백 년간 왕실과 귀족 위주로 향유되었던 서양 클래식 음악이 '모두를 위한 음악'으로 자리 잡았다. 많은 사람들이 가정에서 음악을 즐길 수 있었던 데에는 쇼팽의 공로가 컸다. 붓다가 설법하는 방식은 은밀한 방법으로 그들만의 가르침을 공유하기 위해 폐쇄적인 행태를 취하던 바라문 계통의 사상가 또는 종교인들과는 사뭇 다른 행보였으며, 듣는 이의 눈높이에 맞춘 개방적인 설법은 인도 종교사에 있어 최초의 일이었다. 낭만주의 시대의 모두를 위한 쇼팽의 피아노 음악을 들으며, 모두를 위한 붓다의 설법을 되새겨 보았으면 좋겠다.

20

프로코피에프 〈전쟁 소나타〉

멸망

세르게이 프로코피에프
Sergei Prokofiev

피아노 소나타 7번 Bb장조 Op. 83
Piano Sonata No.7 in Bb Major, Op. 83

러시아의 작곡가 세르게이 프로코피에프Sergei Prokofiev, 1891-1953
는 20세기의 음악사에서 상당히 중요하고도 독특한 위치를
차지하고 있다. 그의 초기 작품들은 모더니즘이라고 부르기
에는 진보적이지만, 보수적인 음악인들에게는 외면 받는 모
호한 입지에 놓였다. 프로코피에프의 음악 세계는 상당히 진
취적이고 새로웠지만, 수백 년 동안 계속되던 조성 음악으로
부터 자유로워지려는 경향과는 방향이 달랐다. 즉각적이고
압도적인 기교와 터질 듯한 화성의 표현력은 그만의 강렬한
색채였다.

   그의 음악은 러시아의 사회적 변화에 맞춰 유행하던 사
회 풍자적이거나 그로테스크grotesque한 느낌을 많이 담고 있었
다. 그는 그로테스크하다는 평가 대신, '소극풍burlesque' 또는 '스
케르초풍scherzo'이라는 말로 자신의 스타일을 규정지었다. 카

피아노 앞에 앉아 있는 프로코피에프(1910).

를로 고치Carlo Gozzi. 1720-1806의 희곡을 바탕으로 한 오페라 〈세
개의 오렌지에 대한 사랑The Love for Three Oranges〉은 그의 풍자적
인 면모가 잘 드러나는 작품 중 하나이다.

그 중 우리에게 친숙한 〈행진곡March〉은 트럼펫의 팡파
레에 이어지는 오보에의 비틀어진 듯한 느낌의 스타카토 선
율로 시작된다. 곧이어 스네어 드럼과 마림바의 리듬 위로 현
악기군의 박력 있는 선율이 등장하며 본격적인 행진에 돌입

한다. 즉흥적이면서도 열정적인 감정을 잘 담고 있는 이 곡은 단호한 리듬, 방향성 강한 선율이 특히 인상적이다. 짧고 강렬한 행진곡은 18세기 후반의 베네치아의 풍자적 분위기를 그대로 옮겨온 듯하며, 전체적으로 프로코피에프의 성격을 잘 나타내고 있다.

코살라국의 파세나디 왕은 붓다를 처음 만났을 때 붓다의 가르침을 듣고 승가와 가까워지기를 원했다. 그는 사꺄족의 공주와 결혼을 하면 붓다와 더욱 가까워 질 수 있을 것이라는 생각으로 사꺄족에게 청혼하기로 마음먹었다. 사꺄족은 파세나디 왕의 청혼을 받아들여야 할지 고민했다. 강대국인 코살라국과의 관계를 생각하면 거절하기는 힘들었다. 전쟁이 일어날 수도 있었기 때문이다.

사꺄족의 왕자인 마하나마가 "우리집 노비 가운데 아주 아름다운 와사바캇티야라는 소녀가 있습니다. 이 소녀를 공주라고 속여 왕에게 보내는 것이 어떻겠습니까?"라고 제안

작곡가　세르게이 프로코피에프 *Sergei Prokofiev*
작품명　〈세 개의 오렌지에 의한 사랑〉 중 〈행진곡〉
　　　　〈March〉 from 〈The Love for Three Oranges〉

했다. 사꺄족은 그 결정을 받아들였다. 마하나마의 노비는 파세나디 왕과 결혼하여 왕비가 되었다. 그리고 아들을 낳아 이름을 위두바다라고 했다.

위두다바 왕자는 16세가 되었을 때 외가인 카필라왓투를 방문했다. 우연히 신분의 비밀을 알게 된 그는 크게 분노하여 사꺄족에게 복수를 하기로 결심했다. 훗날 왕위를 찬탈한 위두다바 왕자는 군대를 이끌고 카필라왓투로 향했다. 이를 안 붓다는 카필라왓투와 코살라국 사이에 있는 길에서 위두다바를 기다렸다. 붓다를 본 위두다바는 차마 전쟁을 계속하지 못하고 군대를 돌렸다.

프로코피에프의 발레 모음곡 〈로미오와 줄리엣Romeo and Juliet〉은 그의 작품 중에서도 자주 연주되는 작품이다. 첫 곡 〈몬테규가와 캐플렛가Montagues and Capulets〉는 제목에서 나타내 듯 두 가문의 갈등을 음악적으로 표현하고 있다. 금관악기의 강한 불협화음 코드가 수차례 연주된 후, 호른을 위시한 금관

작곡가   세르게이 프로코피에프 *Sergei Prokofiev*

작품명   〈로미오와 줄리엣〉 중 〈몬테규가와 캐플렛가〉
〈Montagues and Capulets〉 from Suite 〈Romeo and Juliet〉

클래식을 만난 붓다

악기의 배경 위에 등장하는 현악기의 펼침 화음은 음악적 긴장감을 담고 있다. 붓점으로 상행과 하행을 반복하며 점점 날카로워지는 선율은 마치 결투를 예견하는 것 같다. 트롬본의 묵직한 음형, 트럼펫의 강하고 날카로운 리듬, 튜바의 결연한 음색에서 프로코피에프의 폭넓은 표현력이 느껴진다. 느린 부분에 등장하는 고음의 플루트의 선율과 탬버린의 리듬은 두 가문의 화해의 무드를 짧게 묘사하는 듯하지만 결국 결연한 분위기의 긴장감 넘치는 첫 부분이 반복하며 끝맺음한다.

위두다바는 세 번에 걸쳐 카필라왓투를 침략하고자 했으나 그때마다 붓다가 가로막아서 뜻을 이루지 못했다. 붓다는 위두다바가 군대를 이끌고 지나가는 길목의 앙상한 나무 아래 앉아 그를 기다렸다. 위두다바가 붓다에게 어찌 그늘도 들지 않는 곳에 계시냐고 여쭈었을 때, 붓다는 이렇게 말했다. "친족의 그늘이 시원한 법이다." 사꺄족을 지키려는 마음을 알아챈 위두다바는 붓다를 마주칠 때마다 군대를 돌렸다. 그러나 그가 네 번째로 군대를 일으켰을 때 붓다는 더 이상 그를 막지 않았다.

프로코피에프의 즉각적이고 선명한 표현력은 피아노 작품에서 더욱 빛난다. 그의 피아노 소나타 6, 7, 8번은 일명

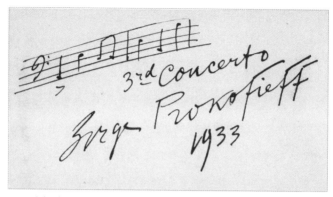

프로코피에프의 서명 카드. 그의 피아노 협주곡 3번 3악장의 주제가 그려져 있다.

'전쟁 소나타'라고 불리며 20세기 피아노 소나타 문헌에서 주요한 위치를 차지한다. 확고한 조성 아래에서 파괴적인 모더니즘과 미래 지향적인 폭력성을 담은 그의 소나타 7번 B♭장조 Op. 83은 세 곡의 전쟁 소나타 중에서도 당시 소련의 전쟁 상황과 가장 유사한 모습을 보인다. 베토벤으로부터 내려오는 고전적인 소나타의 구조와 형식, 리스트를 닮은 비르투오소적인 면모, 그리고 프로코피에프 특유의 직관적인 표현력이 드러나는 이 곡은 연주자에게 테크닉과 감수성을 모두 요구하는 작품이다.

클래식을 만난 붓다

모두 세 악장으로 이루어진 이 소나타의 첫 악장은 유니즌Unison으로 시작된다. 반복되는 리드미컬한 호전적인 선율은 전쟁의 치열함과 그 고통을 담고 있다. 또한 대비되는 분위기를 가진 두 번째 주제는 허무함과 애잔함을 동시에 표현하고 있어 마치 사꺄족의 멸망을 연상시킨다. 붓다는 사꺄족이 지은 악업은 피할 수 없음을 알고 더 이상 위두다바를 말리지 않았고, 그는 결국 대군을 이끌고 모국을 침략하여 멸망시키고 말았다.

　　위두다바는 전쟁의 승리를 기념하며 사왓티성에서 큰 축하연을 열었다. 그때 큰 폭풍우가 몰아쳐 위두다바는 코살라국의 군대와 함께 사라졌다. 소나타의 3악장은 언뜻 개선의 분위기로 느껴지지만 오히려 성급하고 맹렬했던 전투와 이후 순식간에 사라져버린 군대와 복수심에 불탔던 위두다바의 모국 침략에 대한 그 댓가를 표현하고 있는 것 같다. 반복되는 연타리듬과 간결하지만 특징적인 화성은 폭력성과 야만성 그리고 허무함을 동시에 표현하고 있다.

　　서정적이고 아름다운 소나타의 두 번째 악장은 격렬한 두 악장 사이의 대비되는 악장으로 매우 차분한 분위기를 가지고 있다. 동시에 고요함 속에 차가움도 느껴진다. 사꺄족의

멸망

멸망은 만년의 붓다의 고통이자 시련이었다. 느린 2악장의 정적인 세련된 피아니즘은 마치 붓다의 슬픔을 담고 있는 것만 같다.

클래식을 만난 붓다

21

모차르트 소나타 8번

슬픔

볼프강 아마데우스 모차르트
Wolfgang Amadeus Mozart

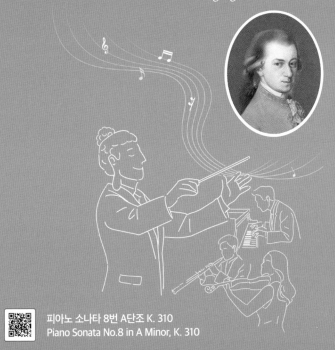

피아노 소나타 8번 A단조 K. 310
Piano Sonata No.8 in A Minor, K. 310

붓다는 만년에 몇 가지 큰 아픔을 겪었다. 데와닷타의 반역과 사꺄족의 멸망, 그리고 사리풋타와 목갈라나의 열반이 그것이다. 붓다의 두 상수제자인 사리풋타와 목갈라나는 승가의 지도자적 위치에서 붓다를 도왔다. 그들이 있었기에 불교는 크게 발전할 수 있었다. 이 둘은 붓다보다 연장자였지만, 누구보다 붓다를 존경했다.

사리풋타는 자신의 열반을 예견하고 병약해진 몸을 이끌고 붓다에게 마지막 인사를 드린 뒤, 고향인 날라카Nalaka로 돌아가 자신이 태어났던 벽돌집에서 마지막을 보냈다. 붓다는 사왓티에 탑을 건립하고 그의 유해를 안치하도록 했다. 먼저 입적한 제자의 유골을 받아든 붓다는 이렇게 말했다.

"그는 지혜롭고 총명했다. 재주도 많았지만 욕심이 적어 만족하는 법을 알았고 늘 용감했다. 사리풋타를 잃으니 나는 가지가 부러진 고목과 같구나."

곧이어 목갈라나마저 열반에 들었고 붓다는 그를 위해 라자가하 시내에 탑을 새로 지었다. 이들의 열반은 아난다를 비롯한 다른 많은 수행자들에게 큰 슬픔이었다.

볼프강 아마데우스 모차르트Wolfgang Amadeus Mozart, 1756-1791는 유년 시절 연주 여행으로 인해 가족의 따뜻함을 누릴 여유가 없었다. 아버지를 따라 유럽 전역을 다니며 연주와 작곡으로 명성을 떨쳤지만 어린 천재에게 어머니의 빈 공간은 매우 컸다. 모차르트는 1777년, 어머니와 함께 처음으로 연주 여행을 떠나게 되었다. 목적지는 그가 7세 때 처음 방문해 좋은 인상을 받았던 파리였다. 그러나 십수 년이 지나 방문한 파리는 모차르트에게 냉담했다. 파리의 청중들은 신동 모차르트는 사랑했지만 원숙미 넘치는 모차르트에게는 어쩐 일인지 차가운 시선을 보낼 뿐이었다.

설상가상으로 모차르트의 어머니는 객지에서 병을 얻게 된다. 파리에서 환영받지 못한 모차르트는 시들해져버린 자신의 인기와 명성을 되찾기 위해 분주하게 작품을 위촉받

클래식을 만난 붓다

모차르트가 아버지에게 보낸 편지. 어머니의 사망을 '위독함'으로 대신하고 있다.

고 연주를 하느라 어머니를 돌볼 틈이 없었다. 결국 아들과의 첫 연주 여행에서 모차르트의 어머니 안나 마리아는 숨을 거두게 된다. 오로지 음악만을 알았던 철부지 천재 모차르트는 어머니의 죽음 앞에 순간 어른이 되어버렸다. 아내의 소식으로 충격을 받을 아버지를 생각해 '어머니가 위독하다'라는 편지를 썼고, 친구에게는 '슬퍼할 아버지를 잘 위로해 달라'는 내용의 편지를 보냈다.

　　이때 작곡했다고 전해지는 작품이 피아노 소나타 A단조 K. 310이다. 모차르트의 피아노 소나타는 단 두 곡을 제외하고는 모두 가볍고 밝은 느낌을 담고 있는 장조의 작품들이다. 첫 악장은 눈물이 흐르는 듯한 느낌의 선율로 시작한다. 마치 어머니를 고향으로 모시고 싶은 마음이 표현된 것 같은 왼손의 반주 음형은 말발굽 소리를 연상시킨다. 전반적으로 슬픔과 눈물의 정서가 느껴지는 첫 악장은 눈물을 꾹 참고 파리에서 바쁘게 움직이는 성숙한 음악인의 모습도 언뜻 느껴진다.

두 번째 느린 악장은 담담한 회상과도 같다. 어머니와의 얼마 되지 않은 추억, 어머니에 대한 그리움 등으로 생각해보아도 좋을 것 같은 침착하고 따뜻한 악장이다. 기억의 단편들로 채워진 것만 같은 2악장은 훌륭한 오페라 작곡가로서의 모차르트의 면모도 발견할 수 있다. 주제가 반복되는 론도 형식의 마지막 악장은 도전적이면서도 한편으로는 정적이다. 어쩌면 남겨진 자가 슬픔을 극복하려는 의지를 간결하게 표현하려는 것인지도 모른다.

펠릭스 멘델스존Jokob Ludwig Felix Mendelssohn-Bartholdy, 1809-1847은 불행과 가난으로 점철된 다른 많은 작곡가들에 비해 유복한 가정에서 자라나 생명령 넘치는 아름다운 기운과 고상한 기품이 넘치는 작품들을 작곡했다. 고전주의적 질서와 형식 위에 특유의 안정감 넘치는 낭만주의적 음악을 구현한 그의 작품들은 대부분 안정적이고 세련된 분위기를 담고 있다. 그의 어린 시절은 다양한 문학·언어·역사·스포츠 등의 짜여진 교육으로 가득 찼고, 언제나 누나 파니

펠릭스 멘델스존과 그의 누나 파니 멘델스존.

멘델스존Fanny Mendelssohn, 1805-1847과 함께였다.

　　동생 펠릭스 이상으로 음악에 뛰어난 재능을 보였던 파니는 피아노 연주와 작곡에 모두 능숙했다. 관습에서 자유롭지 못한 시대적인 분위기에서 그녀는 음악가로서 성장하지는 못했지만, 살롱음악회에서 간간히 연주를 하며 동생의 영원한 음악적 동반자 역할을 할 수 있었다. 1847년 봄, 베를린의 일요음악회에서 연주 도중 손가락에 마비가 와 쓰러졌던 파니는 그날 밤 생을 마감했다. 이미 누나의 장례식과 추도식

작곡가　　펠릭스 멘델스존 Jakob Ludwig Felix Mendelssohn-Bartholdy
작품명　　현악 4중주 F단조 Op. 80
　　　　　String Quartet in F Minor, Op. 80

을 마친 뒤에 비보를 접한 멘델스존은 크게 울음을 터뜨린 후 기절해버렸다. 그는 형용할 수 없는 슬픔에 잠겼다. 음악적 영감의 원천이 되었던 파니의 부재는 그를 돌이킬 수 없는 상태로 바꾸어 놓았다. 현악 4중주 F단조 Op. 80은 멘델스존이 누나를 잃은 슬픔을 고스란히 담고 있다. 이 곡에서는 그의 작품에서 느껴지던 안정감과 평온함은 전혀 찾을 수 없다.

불안하고 격정적인 첫 악장의 트레몰로tremolo와 몰아붙이는 발작과도 같은 선율은 어떤 위로도 멘델스존에게는 아무 소용이 없을 것만 같은 느낌이다. 세련되고 우아함으로 대표되는 그의 스케르초와는 완전히 다른 두 번째 악장은 들쑥날쑥한 반음계 선율과 혼란스러운 리듬으로 가득 차 있어 지금까지 보지 못했던 멘델스존의 다른 얼굴을 보는 것 같다. 작곡가이자 평론가인 모셸레스Ignaz Moscheles, 1794-1870가 언급한 '고통스러운 감정의 동요'가 매우 적절하게 느껴진다. 또한 느린 3악장의 후반부의 고통스러운 듯한 오스티나토ostinato와도 같은 베이스의 반복음은 멘델스존이 이 곡을 통해 견딜수 없는 격정적인 슬픔의 감정을 억지로 눌러 담고 있는 것만 같다.

멘델스존의 마지막 작품인 〈옛 독일의 봄노래Altdeutsches Frühlingslied〉의 가사는 다음과 같다.

나는 홀로 고통스러워 하네

이 고통은 끝나지 않으리라

나는 너로부터, 너는 나로부터

아아 사랑하는 이여, 헤어져야 했으니.

음악에 대한 깊은 이해와 공유, 열정으로 단단한 유대감을 주었던 누나의 사망 몇 달 뒤 그녀의 베를린 집을 방문하고 쓴 멘델스존의 노래는 그리움으로 가득하다. 이 곡을 마지막으로 멘델스존은 세상을 떠났다. 누나와의 이별 후 6개월이 채 되지 않았을 때였다.

아끼던 두 제자를 떠나보낸 붓다는 제자들에게 이렇게 말했다.

"나는 그대들에게 우리는 사랑하는 사람들과는 언젠가는 헤어져야 한다고 가르쳐 왔다. 태어나서 존재하는 것들은 언젠가 무너

작곡가 **펠릭스 멘델스존** *Jakob Ludwig Felix Mendelssohn-Bartholdy*
작품명 〈옛 독일의 봄노래〉
      〈Altdeutsches Frühlingslied〉 from 〈6 Gesänge〉, Op. 86

지기 마련이다. 하지만 사리풋타와 목갈라나가 없는 이 모임은 나에게는 텅 빈 것과 같구나. 이전에는 그들이 있어 항상 가득 찬 느낌이었는데."

깨달은 자의 인간적인 모습이 느껴지는 대목이다.

열반으로

프란츠 리스트
Franz Liszt

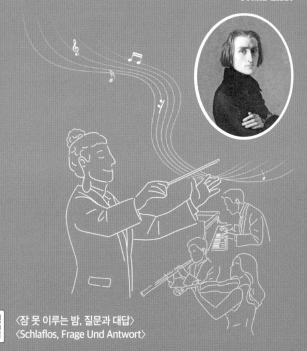

〈잠 못 이루는 밤, 질문과 대답〉
〈Schlaflos, Frage Und Antwort〉

붓다는 열반이 가까워져 오고 있음을 알고 고향 카필라왓투를 향하여 마지막 교화의 여정을 떠났다. 때는 6월, 낮 최고 기온이 섭씨 50도를 넘는 더운 날, 중생을 향한 자비심과 연민으로 교화를 결심했다. 붓다는 뜨거운 뙤약볕을 마다하지 않고 약해진 몸을 이끌고 북쪽으로 향했다.

프란츠 리스트Franz Liszt, 1811-1886는 그 누구보다 체력과 정신력이 강했기 때문에 복잡한 삶의 흐름 속에서도 방대한 작품을 남길 수 있었다. 건강에 이상 신호가 나타났던 시기에도 끝없이 연주 여행과 작곡, 지휘를 강행했다. 그의 노년의 작품들은 청년기의 작품에 비해 어둡거나 비장한 느낌을 많이 담고 있다. 〈잠 못 이루는 밤, 질문과 대답Schlaflos, Frage und Antwort〉은 리스트의 후기 작품 중 독특한 분위기의 곡이다.

첫 부분은 잠들지 못하는 밤의 형언할 수 없는 감정과

더불어 무언가에 대한 의문을 느낌 그대로 표현한 듯 거칠고 도전적이다. 그러나 짧은 쉼표 뒤에 나오는 단선율은 앞서 나온 질문을 다소 메마른 느낌으로 나직히 받으며 간결하지만 또렷한 답을 제시해 주고 있는 것 같다. 이 서사적인 곡은 '질문과 답'이라는 일반적인 구조를 선명하게 보여주며, 노년의 리스트의 명상적이고도 철학적인 모습을 나타내 주고 있다.

라자가하를 출발하여 첫 번째로 도착한 곳은 암바랏티카Ambalaṭṭhikā 동산이었다. 붓다는 "이것이 계율이다. 이것이 선정이고 지혜이다. 계戒를 실천했을 때 정定의 큰 이익과 과보가 있으며, 정을 실천했을 때 혜慧의 큰 이익과 과보가 있다."고 했다. 계정혜 삼학에 대한 말씀이었다. 붓다는 나란다, 파탈리 마을, 갠지스 강, 코티 마을, 나디카 마을을 거쳐 마지막으로 웨살리에 도착했다. 붓다는 이 여정 중에 사성제四聖諦에 관하여 설하기도 했다. 붓다는 마지막 목적지였던 상업도시 웨살리에 도착하여 암바팔리의 망고동산에서 잠시 머물렀다. 유

작곡가　　**프란츠 리스트** *Franz Liszt*

작품명　　〈먹구름〉
　　　　　〈Nuages Gris〉

녀 암바팔리가 설법을 청하자 붓다는 그녀에게 여러 가르침을 설하여 격려하기도 했다.

리스트의 피아노 작품 중 '녹턴'이라는 부제를 가진 〈즉흥곡Impromptu〉는 사색에 잠긴 듯한 시작을 보여준다. 첫 부분은 슈베르트의 즉흥곡 Gb장조 Op. 90, No.3과 유사한 것 같지만 곧 리스트 특유의 화려한 화성의 전개와 교차되는 선율은 몽상적이다. 밤의 신비스러운 선율과 즉흥성이 동시에 느껴지는 조성의 움직임이 상당히 고차원적인데 그 방법은 매우 자연스럽고 한편으로는 교묘하다. F#장조에서 C단조로 이동하는 태연한 기법은 리스트의 마법과도 같다. 가장 먼 거리의 조성을 전혀 거리감 없이 넘나들며 완벽한 경지를 느끼게 한다.

리스트는 '피아노의 파가니니Niccolo Paganini, 1782-1840'로 불려질 만큼 그의 피아노 작품들은 연주자의 기교를 돋보이게 하는 작품이 대부분이었다. 그러나 그의 작품 중 세련되고

작곡가 **프란츠 리스트** *Franz Liszt*
작품명 〈즉흥곡〉
〈Impromptu〉

고귀한 낭만성을 지닌 〈순례의 해Années de pèlerinage〉와 그 이후의 작품들은 리스트의 비르투오소virtouso적인 면에 가려져있던 내면의 서정성과 진중한 음악적 서사를 발견 할 수 있다. 〈즉흥곡〉에서도 아름답고 가슴 저미는 듯한 선율이 고조되었다가 진정되는, 단정하기까지 한 모습은 한 차원 넘어선 격조를 보여준다.

붓다의 사리함이 발견된 카필라왓투
피푸리하와의 대스투파의 모습이다.

클래식을 만난 붓다

웨살리에서 붓다는 아난다에게 "아난다야 내가 웨살리 마을을 보는 것도 이것이 마지막이 될 것이다."라고 하며 마지막 교화의 여정을 암시했다. 붓다는 웰루와 마을로 이동하여 우기가 시작될 무렵 여름 안거를 시작했다. 안거 도중 붓다는 심한 병에 걸렸는데, 그 고통은 죽음에 이를 정도로 컸다. "내가 승가와 신자들에게 아무 말 없이 반열반[입멸]에 드는 것은 옳

지 않다."라고 생각한 붓다는 정진력으로 고통을 감내했다. 붓다는 병을 이겨내고 아난다에게 '자등명법등명自燈明法燈明'을 설했다.

　'피아노 독주회'가 오늘날의 형식을 갖추게 된 것은 리스트의 가장 큰 업적 중의 하나다. 이전까지는 음악회에 여러 명의 연주자가 출연하는 것이 일반적이었다. 리스트는 한 명의 연주자가 음악회 전체를 책임지는 독주회를 리사이틀recital 이라는 이름으로 탄생시켰다. 그는 자신의 작품도 연주했지만, 바흐부터 쇼팽에 이르기까지 모든 시대의 작품들을 프로그램에 넣었다. 오늘날의 음악회의 레퍼토리 선곡과 같은 구성이었다. 또한 뛰어난 암보력을 가졌던 리스트는 모든 곡을 악보 없이 연주했다.

　리스트가 그의 잘생긴 옆모습을 청중에게 보여주기 위해 피아노를 옆으로 놓았다고도 전해진다. 물론 피아노 뚜껑에 반사된 소리가 청중들을 향해 전달되도록 하기 위에 피아노의 위치를 정하고 피아니스트가 무대 옆쪽에서 등장하도록 연출했던 것이다. 그러나 연주자의 뒷모습만 보아야 했던 이전 시대의 음악회와는 달리 리스트가 만든 오늘날의 독주회의 원형이 되는 음악회의 형식으로 연주자의 표정과 몸짓까

피아노를 연주하고 있는 리스트
(1886).

지 더 잘 볼 수 있었기 때문에 청중들은 연주를 더욱 생생하게 느낄 수 있었다. 또한 연주자들은 오늘날의 아이돌과 같은 인기를 누릴 수 있었다.

젊은 시절 리스트는 작곡과 연주 활동으로 제자들을 키울 여유가 없었다. 하지만 노년에 이르러서는 정기적인 레슨과 함께 마스터클래스master class, 공개 레슨를 통하여 예술적인 표현과 그것을 전달하는 방법을 중점적으로 다뤘다. 노년의 리스트는 음악가로서 유일하게 남아있는 목표가 '한계가 없는 미래 세계를 향해 창을 던지는 것'이라고 밝혔다.

〈먹구름Nuages gris〉은 후기 낭만주의와 다음 시대를 예

1875년에 개교한 리스트 아카데미 전경(헝가리 부다페스트).

클래식을 만난 붓다

열반으로   243

견하는 작품의 면모를 보여준다. 건강이 악화된 후 쓴 이 곡은 감성적으로는 젊은 시절의 화려한 삶과는 정면으로 대치되는 새로운 차원의 자기 인식과 체념적인 정서를 담고 있다. 하지만 음악적으로는 20세기 혹은 인상주의적 모호한 텍스처와 화성을 예견한다. 뚜렷한 주제도 나타나지 않는다. 해결되지 않은 불협화음과 이리저리 떠다니는 듯한 음색, 그리고 종결의 느낌을 전혀 가지고 있지 않은 종지 등 독특한 음악 어법으로 가득 차 있다.

"저마다 자신을 등불로 삼고 진리를 의지하라. 다른 것에 의지하지 말고 스스로의 법의 등불을 밝혀 수행하라."는 붓다의 가르침을 떠올리며 리스트의 후기 작품들을 감상해 본다. "음악의 감동은 반드시 장대하거나 큰 음향, 또는 장식적인 화려함에서 오지 않는다."는 노년의 리스트의 철학이 담긴 작품들은 또 다른 진지함을 가져다준다. 초절기교와 독보적인 행보와 업적을 남겼던 젊은 리스트. 뒤늦게 후학을 양성하고 그만의 음악 세계를 구축해 나가며 미래를 바라보았던 모습에서 리스트의 후기 작품에서 붓다의 열반의 여정을 느껴본다.

23

베토벤 〈마지막 소나타〉

입멸

루드비히 반 베토벤
Ludwig van Beethoven

피아노 소나타 32번 C단조 Op. 111
Piano Sonata No.32 in C Minor, Op. 111

흔히 우리는 역경을 딛고 목표를 성취한 한 인간의 위대함을 칭송한다. 더불어 끊임없는 내적인 욕구와의 투쟁에서 승리하는 그 과정에서 강한 인상을 받는다. 우리가 2,500여 년 전의 붓다 또는 공자나 노자, 예수를 오늘날 여전히 말하고 있는 것은 그들이 성취한 결과물뿐만 아니라, 그들이 고난의 과정에서 타협하지 않았던 삶의 모습이 더욱 더 진한 감동으로 다가오기 때문이다.

우리는 붓다의 삶이 얼마나 치열했는지를 알 수 있다. 왕자로서 누릴 수 있는 모든 것을 버리고 수행자의 삶을 택하는 순간, 고난의 길은 예견된 것이었다. 6년간의 긴 고행은 그의 몸과 마음을 피폐하게 만들었다. 그 누구보다도 처절한 고행을 감내했지만 그토록 염원하던 깨달음을 얻지 못했을 때, 그가 느꼈을 절망의 깊이는 엄청났을 것이다. 하지만 그는 절망 속에서 절규하는 대신, 차분하고 냉철하게 고행의 여정과 그동안의 삶의 궤적을 면밀하게 성찰하게 된다. 가장 절망적인 순간에 가장 차가워 질 수 있는 힘이 붓다를 깨달음의 길로 이끌었다. 이것이 붓다의 위대함이다.

경전에서는 악마 마라의 등장으로 이 부분을 매우 드라마틱하게 묘사하고 있다. 욕계의 지배자이자 죽음의 신인 마라는 수행자 고타마 앞에 등장한다. 고행 중에는 눈길도 주지 않던 악마들의 왕이 냉철하게 날선 의식으로 고행을 포기했을 때 나타난 것이다. 그리고 회유를 한다. "고행을 통하지 않고 어떻게 깨달음을 얻을 수 있는가?", "만약 그대가 원한다면 세상의 지배자가 될 수 있을 것이다.", "사는 것이 중요하지 않은가. 죽는다면 무슨 소용인가. 살아서 영화를 누려라." 등갖은 언변으로 붓다를 유혹하며 때로는 위력을 행사하기도 하며 위협을 가하기도 한다. 그러나 이미 깨달음에 근접한 수행자 고타마에게는 두려움도 나약함도 없었다.

음악가에게 청력은 생명과도 같다. 불멸의 작곡가 루드비히 반 베토벤Ludwig van Beethoven, 1770-1827이 느꼈을 절망 역시 우리의 상상을 초월할 것이다. 베토벤은 서른을 넘기고는 귀가 거의 잘 들리지 않았다. 그의 청력이 점점 약해질 무렵

베토벤 소나타 C단조 Op. 111의
자필악보

의 젊은 베토벤은 진취적이고 당당한 음악을 추구했다. 우리

가 흔히 악성 베토벤을 떠올릴 때 느껴지는 베토벤의 웅장함

과 장대한 느낌을 담고 있는 교향곡 5번 C장조 Op. 67, 피아노

소나타 C장조 〈발트슈타인Waldstein〉 Op. 53, 피아노 소나타 F단

조 〈열정Appassioanata〉 Op. 57 등이 이 시기의 작품들이다. 가혹

한 운명에 맞서겠다는 젊은 베토벤의 의지가 작품 속에 녹아

들어가 있다.

　　그가 청력이 상실된 상태에서 작곡한 후반기의 작품들

은 일종의 실험성을 담고 있었다. 또한 피아노라는 악기의 88

개의 건반을 모두 사용하며 폭넓은 악상을 그려냈다. 그의 마

지막 소나타 C단조 Op. 111를 들어본다. 첫 악장은 다른 앞의

두 작품Op. 109, Op. 110과 마찬가지로 느린 도입부를 가지고 있

지만, 그 분위기는 사뭇 다르다. 하강하는 감7도 화음으로 시작되는 첫 두 음은 무언가 앞으로 일어날 일들을 암시하는 듯한 분위기를 풍기며, 같은 C단조의 Op. 13 〈비창Pathetique〉의 첫 악장과의 유사성으로도 종종 비교된다. 그러나 그 분위기는 조금 더 비장하고 고통스러우며, 그것을 감내해 나갈 것이라는 각오마저 느껴진다. 마치 6년간의 고행과 절망에 놓인 수행자 고타마의 모습을 떠올리게 한다.

상당히 긴 시간 동안 지속되는 그 엄숙한 분위기는, 단호하게 시작되는 대위법적인 주제로 연결되며 새로운 국면을 맞이한다. 바로크 시대의 대표적인 작곡법인 '대위법'은 어느 한 성부에 주요 선율이 등장하는 고전 시대의 작곡법과는 달리 각 성부가 동등한 중요성을 갖게 되는 형태이다. 서양 음악의 정수라고도 일컬어지는 이 대위법적인 작곡법을 낭만주의 시대를 눈앞에 둔 고전주의 시대의 마지막 무렵에 다시 꺼내든 이유를 생각하며 고타마가 6년 동안의 정진에도 쉽게 얻을

작곡가   루드비히 반 베토벤 Ludwig van Beethoven
작품명   피아노 소나타 8번 C단조 〈비창〉 Op. 13
        Piano Sonata No.8 in C Minor 〈Pathetique〉, Op. 13

수 없는 깨달음을 위해 어린 시절의 경험을 반추해내는 과정에 비유해 본다.

이 주제는 첫 악장의 전체를 아우르는 중요한 요소로 시종일관 긴박감을 유지한다. 악마 마라Māra와 마주한 수행자 고타마 모습을 그리고 있는 것처럼 비장함과 긴장감의 연속으로 돌풍과 같았던 악장의 마지막은 예상과는 반대로 짧은 코다와 함께 담담하게 마무리 된다. 이 열 세 마디의 코다는 바다의 물결을 묘사하는 듯한 16분음표의 패시지 위에 오른손의 정갈한 화음으로 이루어져 있다. 마치 차안에서 피안의 세계로 나아가는 반야용선의 모습을 떠올리게 한다.

두 번째 악장은 1악장의 마지막 화음의 연장선상에서 느끼는 고요한 아리아와 같은 선율을 주제로 가진 다섯 개의 변주곡으로 이루어져 있다.

일반적으로 고전 시대의 소나타는 빠른 첫 악장, 느리고 서정적인 두 번째 악장, 경쾌하고 사랑스러운 악장과 화려한 마지막 악장까지 주로 3~4개의 악장으로 이루어져 있다.

베토벤의 흉상.

열반에 든 붓다를 묘사한 작품. 붓다의 제자들의 슬
퍼하는 모습과 붓다의 마지막 설법을 듣고 깨달음
을 얻은 수바드라(왼쪽 하단)의 모습이 대조적이다.
이 조각은 스투파의 가장 위쪽에 장식 되었을 것으
로 추측된다. 간다라 미술 형식을 바탕으로 만들어
진 이 조각은 붓다의 열반에 관한 상징적인 이미지
로 여겨진다. 미국 Metropolitan Museum 소장.

클래식을 만난 붓다

그에 반해, 이 곡은 단 두 악장뿐이다. 1822년 이 곡이 출판되기까지 출판업자는 마지막 3악장을 보내달라고 계속 베토벤을 재촉하기까지 했다. 사라지듯 마무리되는 느린 악장으로 끝나는 이 소나타는 당시 사람들에게는 상당히 낯설었기 때문이다.

세상의 모든 것이 정지한 것 같은 가운데 시작되는 주제와 첫 번째 변주는 첫 악장에서의 모든 고통과 비장함과는 전혀 무관하게, 혹은 그 모든 비장함과 고통스러움을 해결이라도 한 듯이 매우 평화롭게 유지된다. 두 번째 변주는 조금은 경쾌하고 가벼운 느낌의 산책하는 것 같은 선율로 이전 변주의 분위기를 이어간다. 세 번째 변주에서는 조금 다른 국면을 맞이하는데, 이 변주는 마치 깨달음의 서문을 알리는 듯하다. 이후의 변주에서는 그 어느 악장에서도 느낄 수 없었던 또 다른 세계가 펼쳐진다. 왼손의 저음의 5도의 반복 음형 위의 오른손 코드는 큰 악상의 변화 없이 이어나가며, 마지막에는 모든 것을 이룬 것 같은 끝맺음 하게 된다.

이 마지막 소나타 이전의 작품에서도 베토벤은 다양한 장르적, 형식적 혁신을 보여주었지만, 특별히 이 곡에서는 모든 것이 총망라 되어있는 것을 볼 수 있다. 베토벤의 시도와

인도 쿠시나라에 있는 붓다 열반 사원과 열반상.

클래식을 만난 **붓다**

실험은 수년간의 고타마의 고행과 깨달음, 그리고 입멸의 과정에 비유해 본다. 어떤 평론가는 이 두 악장을 각각 '물질의 세계와 정신의 세계'로 규정하기도 했다. 이러한 해석은 붓다가 깨달음을 추구해 가는 길고 긴 과정을 표현한 것으로도 이해 할 수 있을 것이다.

　붓다는 그의 곁을 지키고자 모여든 제자들에게 "게으름을 피우지 말고 열심히 정진하라."는 마지막 말씀을 남겼다. 25년간 붓다를 모셨던 아난다 존자는 뜨겁게 흐느꼈다. 베토벤의 마지막 소나타에서 붓다가 자신을 포함한 모든 사람들을 차안의 세계에서 깨달음의 세계인 피안의 세계로 이끌어 가는 모습, 그리고 완전한 열반, 반열반_{입멸}에 다다른 붓다를 느껴본다.

붓다와 클래식 음악의 지적인 대화

장형준
서울대학교 음악대학 교수

음악과 종교는 보다 많은 이들에게 마음의 평안을 주고 더 나아가 행복해 질 수 있는 힘을 가졌다는 공통점이 있습니다. 문화적 배경이 서로 다른 두 주제가 하나로 연결 될 수 있는 것도 이 공통점 때문일 것입니다. 불교와 클래식 음악을 이렇게 조화롭게 풀어 낸 피아니스트 김준희에게 박수를 보냅니다.

피아니스트 김준희는 무대에서 풍부한 낭만성과 함께 사색적이면서도 논리적인 연주를 보여줍니다. 《클래식을 만난 붓다》는 이성과 감성의 조화가 돋보이는 그의 연주처럼 다채로운 레퍼토리로 붓다의 일생을 설명하고 있습니다. 클래식 음악의 세계를 다양한 시각으로 조명하여 붓다라는 한 존재를 더 빛나게 해 줍니다.

피아니스트로서의 연주 경험과 깊은 학문적 사유를 바탕으로 붓다의 일대기를 클래식 음악이라는 소재로 섬세하게 풀어낸 김준희는 불교와 클래식 음악이라는 두 영역을 자유롭게 넘나들며 음악이 다른 그 어느 예술보다 충분히 통섭적임을 증명하고 있습니다. 스물 세 편의 수채화 속에서 붓다와 클래식 음악이 나누는 지적인 대화에 귀기울여 봅니다.

교향곡 〈붓다〉를 듣는 듯

김호성
동국대학교 불교학부 교수

피아니스트 김준희 선생의 책 《클래식을 만난 붓다》를 잘 읽었
습니다. 마치 '붓다'라는 이름으로 배우들이 연기하는 것을 감
상하는 느낌도 들었습니다. 연극이든 영화든 음악이 없으면 안
됩니다. 배경 음악으로 서양의 고전 음악과 현대 음악의 주옥같
은 명곡들이 울려 퍼지고 있었습니다.

'음악 감독'은 김준희 선생입니다. 몇 번, 피아노 독주회
에 초청받아서 객석의 한 편에서 선생님의 피아노 연주를 들은
적이 있습니다. 조금이라도 설명을 들을 수 있다면 하고 생각했
습니다. 이 책을 통해서 그때 듣지 못한 설명들을 어느 정도 들
었습니다.

물론 다 이해되지는 않았습니다. 그럼에도 불구하고, 어

떤 울림이 울리는 것은 어쩔 수 없었습니다. 자꾸만 들리지 않는 소리를, 소리 없는 소리를 들으려는 저 자신을 볼 수 있었습니다. 그러한 상상력, 혹은 감수성 속에서 이 책은 교향곡 '붓다'로 연주되었습니다.

음악을 들으면서 '붓다'를 생각하고, '붓다'를 읽으면서 음악을 듣는 사람! 김준희 선생입니다. 저 같이 음악의 문 밖에만 서성이던 사람조차도 감동이 적지 않았으니, 하물며 여러분은 어떠하겠습니까?

서양 음악 경계 넘나들며 풀어낸
붓다 이야기

진명 스님
법련사 주지·동국대학교 전자불전문화콘텐츠연구소 소장

지리산 깊은 산골, 토끼가 발맞춘다는 곳에서 태어난 나에게도 꿈이 있었다. 어린 시절 초등생 때는 동요는 물론이고 흘러간 옛 노래에 빠져 어른 흉내를 내며 간드러지게 소리를 꺾었고, 초등 5학년 때 어느 군인아저씨에게 선물로 받은 LP를 돌리며 뜻도 모르는 팝송에 빠져 그 발음을 받아 적으려고 LP를 끊임없이 되돌리기도 했다. 중학교에 진학을 하고 가곡을 배우며 드디어 꿈이 생겼다. 세상에 태어나 처음으로 품은 꿈이 성악가였다. 지금은 아득한 옛이야기가 되었지만 성악가를 꿈꾸며 지리산의 맑은 물소리와 햇살과 바람을 벗하며 목소리를 가다듬기도 했었다.

누구나 이렇게 성장하면서 꿈 하나씩은 품고 산다. 피아니스트 김준희도 오늘이 있기까지 꿈 하나를 품고 그 꿈을 펼치기 위해 피아노 건반 위를 유희하며 수많은 시간을 고통과 희열 속에 시간을 보냈을 것이다. 긴 시간 속 땀과 열정으로 건반 위에 쌓아온 노력이 또 하나의 이야기꽃으로 피어났다. 편견의 눈으로 보면, 전혀 어울릴 것 같지 않게 동양인이 동양 종교를 가지고 서양 음악가와 찻자리에서 자연스럽게 경계를 넘나들며 이야기꽃을 피우듯이 말이다.

우리나라에서 기악이나 성악을 공부하는 음악가의 배경은 거의 불교와 같은 동양 종교나 사상이 아닌 이웃 종교, 즉 기독교나 천주교 등이 주를 이루기 때문에 어쩌면 동양 사상과 종교를 가까이 한다면 전혀 어울리지 않은 옷을 입고 있는 것이라고 생각할 것이다. 그리고 주변에서 이런 편견을 가지고 있는 분을 많이 봐 왔다. 그래서 스님이 클래식 공연장에 나타나면 낯설게 바라보는 분들이 많다. '스님은 우리나라 전통 음악 공연장에나 가야 어울리는데 왜 왔을까?' 하는 눈빛이다.

물론 서양 음악의 모태가 기독교 음악이고, 향유되고 성장한 곳이 유럽이라서 그런 편견이 있을 수 있다. 이제는 세월이 많이 흘러 세속화된 지 오래고, 동서양을 넘어 연주되면서 만국의 공통어라고 해도 과언이 아닐 정도로 국가나 종교, 인종의 벽을 넘어 21세기를 살고 있는데, 아직도 그런 편견에 잡혀 있다는 게 나에게는 아이러니이다. 그래서 어쩌면 내가 이 책을 쓴 피아니스트 김준희에 대해 호기심이 더 컸던 지도 모른다.

사찰에서 스님들이 새벽마다 큰 법당에 모여 붓다께 귀의하고 찬탄하며 붓다처럼 큰 원을 세우는 의식이 새벽예불이다. 그런데 출가 후 운문사에서 200여 명의 스님과 함께 새벽예불을 올릴 때, 출가 전 들었던 수사님의 그레고리오 성가가 귓전에 맴돌아 조금은 당황했지만, 칠정례를 올리며 '선율은 많이 다르지만 이렇게 각 종교 안에서 자기만의 종교 신념으로 믿고 배우고 따르는 성인을 찬탄하는구나!' 하는 생각을 했었다. 어쩌면 이런 마음으로 작가가 자신의 음악 세계 안에서 그 시선으로 붓다의 탄생에서 열반까지 자신만이 아는 빛깔로 붓다와 맞닿은 선율을 찾아 떠나는 여행길이었음을 느꼈다.

슈만의 교향곡 봄에서 작가는 붓다의 탄생을 보았다. 슈만의 삶에서 음악 여정을 생각하지 않더라도, 봄이 주는 생동감은 세상에 만물을 깨어나게 한다. 그런데 마침 그렇게 오래 기다렸던 부모님의 바람에 응답이라도 하듯이 싯다르타 태자가 봄에 태어난 것이다. 마치 시공간을 초월해 슈만이 싯다르타 태자를 맞이하듯이, 천상에서 음악 천녀들이 붓다의 씨앗을 품고 태어나는 싯다르타 태자를 맞이하며 기쁘게 음악을 연주하는 순간을 만난다. 평화로운 룸비니 동산에서 봄의 따뜻한 바람과 꽃들로 붓다를 감싸 안듯이 어우러지는 선율에서 정반왕과 마야부인의 전생부터 이어진 한없이 넓고 깊은 품을 느낄 수 있게 했다.

나는 브람스의 음악을 듣다보면 그 선율이 저 아랫녘 남쪽의 하늘과 마주하고 있는 잔잔한 산 능선을 그리게 된다. 아마도 이런 비유는 자기가 보고 듣고 알아 온 사물과의 교감에서 나올 수 있는 심상들이다. 그래서 한 가지를 더 알아갈수록 자신이 모르고 사는 것이 얼마나 많은 지를 느끼게 된다. 옛 선인들이 왜 '익은 벼가 고개를 숙인다' 했는지를 알게 되는 대목이다. 어쩌면 작가가 느껴본 브람스의 호른 트리오가 싯다르타 태자의 사문유관에 가서 닿았는지도 모르겠다.

피아니스트로서 김준희는 자신의 음악 세계 안에서 붓다의 사문유관 같은 깨달음이 수없이 마주친 음표와 건반 위에서 반짝였을 것이고, 어쩌면 지금도 더 큰 깨달음을 향해 그 여정에 있을 것이다. 음악가의 삶도 출가 수행자 못지않게 처절한 자기 성찰과 수행이 없이는 일가를 이루기 어렵다고 생각한다.

음악 프로그램을 진행하다 보면 여러 음악가를 초대해서 인터뷰 하게 된다. 그럴 때 꼭 묻는 게 '슬럼프'에 대한 질문이다. 아무리 음악을 즐기면서 한다고 해도 슬럼프가 없지 않을 것이기 때문이다. 출가한 수행자도 마찬가지이다. 오래 전의 일이지만 붓다 제자로서 출가의 길을 계속 걸어가야 할까를 깊이 고민했던 때가 있었다. 그것이 나에게 찾아온 큰 슬럼프였던 것이다. 그때 나는 어쩌면 더 치열하게 나를 점검했는지도 모른다. 하루에 1,080배를 끝없이 이어가며 자신을 채찍하고 슬럼프의 근원을 찾아 자신을 한없이 내려놓았다. 작가는 피아니스트로서의 여정에서 끝없이 자신을 채찍질 했을 것이다. 그래서 붓다의 출가에서 더 위대한 포기를 보았는지도 모르겠다. 왕자의 자리를 포기하고 만난 새로운 태어남이 수 천 년을 넘어 지금도 그리고 미래세에도 더 많은 사람들의 욕심과 성냄과 어리석음에서 벗어나는 길을 인도하실 것이다.

음악은 우리 삶의 모든 소리, 즉 삶의 희로애락의 소리라고 생각한다. 소리에 동양과 서양이 어디 있겠냐 만은 살아가는 자연환경과 전통과 관습에서 오는 차이가 있을 뿐이다. 피아니스트 김준희는 그런 차이와 다름을 넘어 음악으로 동서양을 넘나들며 시공을 넘어 붓다의 생애에서 바흐와 베토벤을 교감하게 하고, 현악기와 관악기가 호흡을 맞추며 붓다가 스승을 찾아 떠나는 고행길에 동행하게 했으며, 현대 음악가 존 케이지의 '아무 음도 연주되지 않는 곡' 〈4분 33초〉와 붓다의 성도 전 선정을 마주하게 했다. 무엇보다 모차르트의 그랑 파르티타의 단

단한 구조와 견고한 음색에서 붓다의 중도 사상을 보았다는 것
은 음악가로서 또 교육자로서 마음수행이 탄탄한 경지를 엿볼
수 있었다.

끊임없는 탐구의 열정으로 피아니스트 김준희의 음악
세계가 더 넓어지고 깊어지길 기대하며 어설픈 표현을 접는다.
많은 이들이 이 책을 통해 공부하기를 염원하며…….

클래식을 만난 붓다

피아니스트 김준희

예원학교, 서울예술고등학교를 거쳐 서울대학교 음악대학 기악과와 동대학원을 졸업하고 미국 일리노이대학교 박사과정과 샌프란시스코 콘서바토리 전문연주자 과정을 마쳤다. 한국일보 콩쿠르, 삼익 콩쿠르, 문화일보 콩쿠르, 리스트 국제 콩쿠르 등에 상위 입상하였고 국내외에서 30회 이상의 독주회와 협연, 실내악 연주회를 가졌다. 법보신문에 '클래식으로 듣는 붓다'와 '피아노로 감상하는 불교'를 연재하였고, 현재 '클래식으로 감상하는 불교'를 연재 중이다. 방송 출연과 기고 등 다양한 매체를 통하여 클래식 음악으로 붓다의 생애와 가르침을 소개했다. 학문 융합적 사고를 바탕으로 한 〈슈베르트의 소나타 D. 960, 삶과 죽음을 통한 해석〉과 〈윤이상의 오라토리오 '연꽃 속의 진주여!'에 관한 연구〉 등의 논문을 발표하기도 했다. 현재 국립인천대학교 기초교육원에서 기초교양교육을 담당하고 있으며 경희대학교와 고려대학교에서도 강의하고 있다.

초판 1쇄	2021년 2월 6일
2쇄	2021년 6월 18일

지은이	김준희
펴낸이	오종욱
기 획	서미정
편 집	김윤진
펴낸곳	올리브그린
	경기도 파주시 회동길 145, 아시아출판문화정보센터 연구동 201호
	olivegreen_p@naver.com
	전화 070-6238-8991 ㅣ 팩스 0505-116-8991

가 격	15,000원

ISBN 978-89-98938-39-0 03220